KB088645

말은

마음에서
나옵니다

단단하게 나를 지키고
다정하게 소통하는 사람들의 비밀

김종원 지음

말은
마음에서
나옵니다

오아시스
Oasis

정답이 아닌 '마음'을 전하는
말에는 힘이 있다

낮에는 대학에 다니고 저녁에는 시를 쓰며 치열하게 살던 어느 날이었다. 아무리 시를 써도 변화가 없던 삶에 지친 나는 순간적으로 이런 결정을 했다.

"그래, 시집이라도 출간해 보자!"

바로 서점에 가서 판권에 적힌 출판사 이메일 주소를 모았고, 그렇게 국내에 존재하는 거의 모든 출판사에 그간 쓴 시를 모아 투고했다. 당시 내가 다음에서 운영한 '살며 시 쓰며'라는 글쓰기 커뮤니티의 회원이 5만 명이나 되었으니, 내 시집을 내 줄 출판사가 많이 있을 거라 생각했다.

하지만 결과는 참담했다. 단 하나의 출판사도 내게 답신을 주지 않았다. 그렇게 더욱 깊은 실의에 빠져 지내던 어느 날, 꽤

명망 있는 출판사에서 연락이 왔고 기쁜 마음에 바로 약속을 잡아 방문했다. 당시 나는 이미 시집 출간 계약을 마친 사람처럼 이런 생각에 빠져 있었다.

'이제 내 이름으로 나온 시집을 갖게 되는 건가!'

그런데 출판사 대표는 나에게 이렇게 말했다.

"세상에 좋은 글을 쓰는 사람은 많습니다. 하지만 다들 너무 쉽게 포기하죠. 저는 종원 학생이 끝까지 시를 포기하지 않았으면 좋겠어요. 그 말을 꼭 전해 주고 싶었습니다."

그리고 그는 직접 출간했던 시집 50권을 내게 선물로 줬다. 물론 당시 시집 출간을 할 수 있을지도 모른다는 희망을 안고 방문했기 때문에 그 말을 듣고 실망할 수도 있었을 것이다. 하지만 그 출판사 대표는 일반적인 거절의 방식을 택하지 않고 귀한 시간을 내어 나에게 응원하는 마음을 담아 진심 어린 말들을 전했다. 진심이 가득 배어 있는 그의 말은, 나에게 오히려 시집 출간보다 더 고마운 선물이 되었다. 덕분에 이런 결심을 했기 때문이다.

"그래, 포기하지 말자. 끝까지 쓰자."

지금 나는 90여 권의 책을 펴낸 작가가 되었다. 『66일 인문학 대화법』이라는 책은 영광스럽게도 2023년 예스24에서 선정한 '올해의 책'이 되었고, 이제는 매년 10권 이상의 책을 출간하고 있다. 나는 그 기적을 이렇게 세 줄로 압축하고 싶다.

"마음을 담은 말은

다른 누군가의 인생으로 가서

기적이 된다."

글을 쓰며 지금 우리에게 이 책이 꼭 필요하다고 생각했다. 이제 자신의 생각을 보다 선명하게 표현하며 상대의 마음을 얻어 내지 못하는 사람은 단순히 관계와 소통의 문제를 넘어 생존 자체가 쉽지 않게 되었기 때문이다. 반대로 그런 능력을 가진 사람의 가치가 더욱 빛나는 시대가 되었다.

그런데 우리는 상대의 마음에 맞는 말을 잘 하지 못한다. 왜일까? '정답'만 찾으려 하기 때문이다. '이 상황에서는 어떤 말이 정답일까?', '이럴 때는 어떤 말이 필요할까?' 그렇게 우리는 늘 말하기의 정답을 찾으려 애를 쓴다. 만일 그때 출판사 대표가 상황에 적절한 정답만을 말해 주려고 했다면 어땠을까? 아마도 끝까지 시를 포기하지 말라는 따뜻하고 소중한 마음을 나에게 전하지 못했을 것이다.

우리에게 필요한 건 단순히 문법과 이론에 맞는 정답 같은 말이 아니다. 이럴 때는 이렇게, 저럴 때는 저렇게 말해야 한다는 법칙을 내밀기 전에, '마음'을 먼저 들여다보아야 한다. 나의 마음과 상대의 마음을 말이다. 말 속에 깃든 마음을 먼저 바꾸지 않으면 아무리 수많은 대화법을 익혀도 소용이 없다. 말은 당신의 마음을 드러내기 때문이다. 그러니 내 정성과 노력을 상대에게 전하고 싶을 때, 상대가 힘든 마음을 호소하며 다가올 때, 사랑하는 가족에게 내 안에 있는 사랑을 전하고 싶을 때 우리가 기억해야 할 건 오직 하나, 서로의 마음에 다가가려는 노력이다.

이 책에는 '다정', '품격', '위로', '긍정', '공감', '지성'의 여섯 가지 말을 내면에 품을 수 있는 가장 지혜로운 방법을 풍성하게 담았다. 이 책의 내용을 압축한 아래의 시를 읽듯 당신이 보여줄 수 있는 가장 고요한 눈빛으로 말과 마음의 이야기를 읽어주길 바란다.

말에도 마음이 있습니다.
'말의 소리'는 멀리 가지 못하지만,
'말의 마음'은 어디든 날아가
그걸 느낀 사람을 행복하게 해주죠.

힘들었지만 말이 나를 구했고,
아팠지만 말이 나를 치유했습니다.
마음을 담아 말할 수 있다면,

당신은 자신은 물론

모든 사람의 삶을 구할 수 있습니다.

이제 시작입니다.

우리에게는 문법과
세상의 이치에 맞는
말이 아닌,
상대의 마음에 맞는
말이 필요하다.

차
례

1장 | **말은
마음에서 나옵니다**

4장 〈 위로 〉
마음을 어루만지는 말은
이해하는 마음에서 나옵니다

5장 〈 긍정 〉
매사가 잘 풀리는 말은
존중하는 마음에서 나옵니다

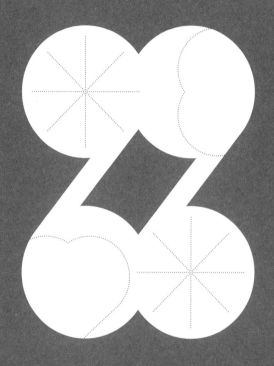

말은
마음에서 나옵니다

말은 당신의 마음을
닮는다

당신의 일상을 섬세하게 관찰해 보라.

더 좋은 말을 하려고 했는데 생각대로 말이 나오지 않았을 때
그렇게 의도한 게 아닌데 상대방이 오해를 했을 때
한마디의 실수로 상처를 입은 상대가 적이 되었을 때

이 모든 상황은 우리 마음과 관계를 괴롭히는 일상적인 문제다. 그때마다 적절한 말로 지혜롭고 현명하게 대처한다면 우리는 원하는 것을 조금 더 쉽고 빠르게 이룰 수 있고, 대화 문제로 고민하는 시간까지 줄일 수 있어 더 경제적이고 효율적인 일상을 보낼 수 있다. 그리고 품위 있는 사람으로 살 수 있다.

상황을 확실하게 분석하고 적절하게 표현하기 위해서는 자기 마음을 들여다봐야 한다. 늘 후회하며 돌아서는 사람들의 말은 이렇게 네 가지 잘못된 마음을 품고 있다.

첫째, 자기 생각이 아니다.

둘째, 이기적인 마음에서 나왔다.

셋째, 상대의 입장을 배려한 말이 아니다.

넷째, 충분히 생각한 후에 나온 말이 아니다.

그렇다면 돌아서서 후회하지 않는 사람들은 어떤 마음으로 말할까? 그들은 우리에게 이렇게 조언한다.

"상대의 입장을 배려한

이타적인 마음에서 나온

당신만의 생각을 말하라.

다만 반드시 말하기 전에

충분한 사색의 과정을 거쳐야 한다."

기업의 운명이 걸린 다국적 기업 대표 간의 중요한 회의나, 세계가 주목하는 각 국가 정상 간의 회담이 이루어질 때는 보통 통역을 중간에 두고 소통한다. 서로 다른 언어를 쓰기 때문이다. 그런데 아주 가끔 통하는 언어 하나가 생길 때가 있다. 그럴 땐 같은 언어로 소통할 수 있으니, '당연히 통역을 두지 않고 바로 대화를 나눠야 한다'라고 생각할 수 있다. 얼핏 보기엔 그들의 의견이 타당한 것 같지만, 그들은 오히려 말의 중요성을 잘 모르는 사람이다.

매우 중요한 자리에 통역을 두고 대화를 나누는 이유는 단지 소통을 위한 목적 때문만은 아니다. 서로 같은 언어로 충분히 대화할 수 있음에도 굳이 중간에 통역을 두고 대화를 나누는 이유는 바로 '내 마음과 가장 유사한 표현을 조금이라도 더 생각하기 위해서'다.

같은 언어로 유대감을 형성하고 빠르게 대화하는 것보다, 내 마음을 가장 잘 전달하는 표현을 말하는 게 무엇보다 중요하다. 상대가 말하고 그것을 통역을 통해 다시 듣는 그 짧은 시간 동안에도, 우리는 조금 더 내 마음에 가까운 가장 적절한 표현을 생각해 낼 수 있다.

이렇듯 상대에게 내 마음을 의도대로 전하는 일은 아주 중요하다. 말을 꺼내기 전에 그 말이 내 마음과 정말로 같은 생김새인지 먼저 점검하는 일이 필요한 이유다. 하지만 그보다 훨씬 중요한 건 '마음의 방향'을 잡는 일이다. 마음의 방향을 잘못 잡으면 관계를 망치는 말을 하게 되고, 바로 잡으면 관계를 회복하는 말이 나온다. 말은 마음에서 출발해 입으로 새어 나온다. 입은 그저 말이 나오는 통로 역할을 할 뿐이다.

말에도 '길'이 있다

처음 만나는 사람이라도 그 사람이 하는 말을 십 분 정도 가만히 경청하다 보면, 그 사람에게 어떤 말이 필요하고 어떤 말을 자제해야 하는지 '말의 길'이 보인다. 가난한 삶을 벗어나려는 사람에게는 부를 부르는 말이, 일상이 지루한 사람에게는 황홀한 일상을 부르는 말이, 꿈이 없는 사람에게는 사랑하는 일을 부르는 말이 그것이다.

말의 길을 찾는 게 왜 중요할까? 이유는 삶의 곳곳에서 찾아낼 수 있다.

"티 쪼가리가 무슨 백만 원이나 해!"

누군가 산 명품을 보며 이렇게 비난하듯 말하는 사람이 있다. 이런 표현은 오히려 자신의 가능성을 망치게 한다. 가격이란 가치를 정하는 사람 마음이고 거기에 동의하면 자유롭게 구매하면 되는 것인데, 그들은 왜 이렇게 말하는 걸까? 이런 방식의 표현을 주로 사용하는 사람에게는 공통적으로 내면에 다음 세 가지 능력이 없다.

1. 타인이 노력해서 만든 가치를 알아보는 '안목'
2. 같은 상황에서 다른 것을 창조하는 '상상력'
3. 삶은 스스로의 힘으로 나아질 수 있다는 '확신'

설령 지나치게 높은 가격이 붙은 서비스나 상품이 맞더라도, 그런 것들은 고객의 선택을 받지 못하고 자연스럽게 사라지거나 가격이 낮아질 것이다. 그러니 굳이 스스로 나서서 '쪼가리'라는 말로 자신의 가능성까지 망칠 필요는 없다.

이것 하나는 꼭 기억하자. 세상을 향해 내뱉은 부정적인 말은 고스란히 내게로 다시 돌아온다. 내게 욕하는 것과 같으니 조심해야 한다. 위와 같은 상황에서 안목과 상상력을 키우고 자기 삶에 확신을 갖고자 한다면, 생각을 이렇게 바꾸는 게 좋다. 그럼 말도 자연스럽게 자신의 길을 찾아갈 것이다.

"티 쪼가리가 무슨 백만 원이나 해!"

→ "백만 원이라는 값 속에는 어떤 과정이 있었을까?"

"어떤 마음과 태도로 시작해 저 티셔츠를 만든 걸까?"

"내 서비스와 제품의 가치를 높이려면 뭘 배워야 할까?"

비난하고 트집만 잡으려고 하면 세상 모든 것의 단점만 보인다. 세상은 보는 자의 것이다. 하지만 스스로 세운 말의 길이 없는 사람은 아무리 좋은 것이어도 자기 것으로 만들지 못한다.

세상에 길이 있는 것처럼 말에도 나름의 길이 있다. 제대로 된 길을 발견하지 못한 사람은 평생을 방황하며 살고, 제대로 된 길을 찾는 사람은 모든 걸음에 축복이 함께한다. 박수를 받고 걷는 사람과 비난과 야유를 받으며 걷는 사람, 누가 더 강한 자존감을 갖고 맡은 일을 제대로 처리할 수 있을까? 그게 바로 나만의 말의 길을 찾아야 할 이유다.

한 가지만 더 강조하고 싶은 게 있다면, 암기만 하는 사람은 지식은 쌓을 수 있겠지만, 자기만의 공식을 만들지는 못한다는 것이다. 이해한 사람만이 공식도 만들 수 있다. 예쁜 말과 다정한 말도 마찬가지다.

나는 지금껏 낭독과 필사를 강조하며 살아왔는데, 그 과정을 반드시 거쳐야 내면으로부터 이해를 기대할 수 있기 때문이

다. 늘 입에 머금고 있으며 가슴에 품고 싶은 말이 있다면, 그 문
장을 낭독하고 필사하길 바란다. 책에서 소개한 말과 대화의 법
칙들을 마음에 더 차곡차곡 담을 수 있게 될 것이다. 이 책을 읽
으며 가슴에 남았던 문장을 필사하는 것도 매우 좋은 방법이다.
그럼 조금씩 이해하게 되면서 여러분도 자기만의 말의 길을 찾
을 수 있다.

왜 나는 말할수록
손해 보는 걸까?

누구라도 이런 생각을 해 본 적이 있을 것이다.

"그건 내가 좀 손해 보는 것 같은데."

"어, 이게 아닌데. 언제 이야기가 이렇게 됐지?"

"왜 나는 말할수록 손해 보는 걸까?"

아마 대개 '내가 착해서 그렇지', '나쁜 소리를 못 해서 문제야', '좋은 게 좋은 거니까'라는 이유를 들 것이다. 그런데 그건 단지 핑계일 뿐 본질적인 이유가 될 순 없다. 무슨 말을 해도 항상 내가 손해 보는 것 같다고 느낄 때 그 이유를 알고 싶다면 질문을 이렇게 바꿔야 한다.

"내가 손해 본다고 생각하는 이유는 뭘까?"

손해는 스스로 손해라고 말하지 않는다. 어떤 상황에서 자신이 손해를 봤다고 생각하는 이유는, 주변 사람들과 비교했을 때 불이익을 당한다고 느끼기 때문이다. 정당한 대가를 받지 못하고 이용당하는 느낌이 들 때, 부당한 대우를 받는다는 생각이 들 때 우리는 그렇게 말한다.

자, 이번에는 질문을 이렇게 바꿔보자.

"불이익을 당하지 않으려면 어떻게 말해야 하는가?"

이제 조금은 본질에 다가서고 있다. 타인에게 불이익을 당하지 않기 위해서는, '너는 나에게 불이익을 줄 수 없다'라는 마음으로 대화에 임하는 게 좋다. 그래야 모든 대화를 내가 원하는 방향으로 흐르게 만들 수 있다.

그리고 상대의 표현을 세심하게 관찰하라. 이를테면, '여자니까', '아직 어리니까', '마음이 넓으니까', '당신이 전문가니까', '혼자 사니까' 등의 말로 시작하는 거의 모든 말은 당신에게 불이익을 주겠다는 신호라고 생각하면 된다. 이렇게 상황을 섬세하게 분석하면 불이익을 당하는 상황에서 빠져나올 수 있는 길이 보인다.

하지만 이런 질문이 제대로 통하지 않을 때가 있다. 그럴 때는 '나만의 위치'를 설정하면 도움이 된다. 언제나 그렇듯 모든 대화가 평화롭고 아름다운 것은 아니다. 분노와 비난이 가득한 대화는 사람의 마음을 혼란스럽게 한다. 그런 분위기에서는 마음과 다른 말이 난무하고, 이성을 잃고 감정에 치우친 표현만 내뱉게 된다. 결국 모든 대화를 마치고 돌아오면 후회만 가득한 시간으로 기억될 뿐이다.

이때 언제든 스위치를 누르면 돌아갈 수 있는 '나만의 위치'를 만들어 놓으면, 어떤 상황에서도 공감을 이끌어 내는 말을 할 수 있다. 상처를 받고 감정을 소비하고 분노로 사라지는 시간을 줄일 수 있기 때문이다.

나는 '나만의 위치'를 '사색훈'이라고 생각하며 실천하고 있다. 기업에는 사훈이 있고, 교실에는 교훈이 있다. 마찬가지로 우리 삶에도 '사색훈'이 필요하다. 사색훈이란 삶에 대한 철학과 사색을 바탕으로 성립된 자신만의 가치관을 한 문장으로 정리한 개념인데, 내가 이름 붙인 말이다.

나의 사색훈은 '세상과 사람을 사랑하는 마음으로 살자'다. 대화를 나누며 분위기가 고조되거나 부정적으로 흐르고 있다는 생각이 들면 나는 바로 스위치를 눌러 나만의 위치로 돌아가 생각한다. '지금 내가 나누는 대화는 사람을 사랑하는 마음에서 나오는 표현인가?', '나는 왜 지금 상대와 감정싸움을 하고 있는가?'라는 식으로 말이다.

나의 마음을 제자리로 돌아가게 만드는 질문을 반복하며, 나는 다시 처음으로 돌아가 상대를 사랑하는 마음으로 대화를 시작한다. 내 마음이 변하면 상대의 마음도 변한다. 상대를 바꾸고 싶다면 다른 방법은 없다. 언제든 돌아갈 수 있는 나만의 위치, 즉 사색훈이 있어야 한다. 사색훈을 통해 우리는 끊임없이 자신이 서 있는 위치를 수정하는 용기를 가질 수 있다.

마음을 다치면
관계도 아픔을 겪는다

일 문제로 만나는 사이에서 다툼이 일어나는 이유는 뭘까? 서로에 대해 잘 모르는 상태이기 때문이다. 그런 관계일수록 표현에 조심해야 한다. 하지만 그보다 더 위험한 관계가 있는데, 몇 번 만나서 서로를 조금 알게 되었다고 생각하는 관계다. 운전도 마찬가지지만, '이제 좀 익숙해졌네. 조금은 알 것 같아'라는 마음이 생길 때 꼭 실수를 저질러 사고가 나기 때문이다.

여기, 한 커피숍에서 같은 시기에 대학 시절을 보낸 여자 두 명이 대화를 나누고 있다. 오랜만에 만난 그들은 서로의 안부를 물으며 좋은 분위기 속에서 대화를 시작하지만, 평화로운 분위기는 금방 끝나고 고통의 시간이 찾아온다. 문제는 각자 서로의 대학 시절 추억을 이야기하며 시작되었다. 패션 분야로 이야기가 이어지자 한 사람이 부끄러운 표정으로, "내가 예전에 공주 느낌의 원피스를 자주 입고 다녔지"라고 말했는데, 패션을 전공한 상대가 마치 기다렸다는 듯 단호하게 이렇게 말한 것이다.

"에이, 그건 전혀 안 어울릴 것 같은데. 아무리 생각해도 그건 아니네요."

그녀의 냉정한 한마디로 분위기는 급속도로 냉각되었다. '어울리지 않는다'라는 말에 상대는 상처받은 표정을 숨기지만, 애석하게도 애써 숨기고 있다는 그 마음이 그대로 전해졌다.

그녀는 왜 상대의 말에 상처를 받았을까? 이유는 다음 두 가지 때문이다. 하나는 과거 원피스를 입고 다녔을 때 스스로도 '이 옷이 나한테 어울리는 게 맞나?'라는 걱정이 있었기 때문이고, 또 하나는 그런 걱정스러운 마음이 주변에서 들려오는 험담과 부정적인 시선을 모두 흡수했기 때문이다. 그런 상황에 놓인 그녀에게 상대는 마지막 폭탄을 던졌다.

"솔직한 게 좋은 거 아닌가요? 저는 거짓말은 못합니다."

대화의 세계에서 볼 때, 그는 솔직한 게 아니라 냉혹한 거다. 굳이 사업적으로 연결된 이야기도 아닌데 그토록 냉혹할 필요가 있을까?

우리가 원하는 것은 따뜻한 공감이지, 냉혹한 평가가 아니다. 우리는 상대의 말을 평가하는 심판이 아니라는 사실을 기억해야 한다. 만약 냉혹한 평가가 아닌 공감할 수 있는 따뜻한 말을 했다면 상대는 두 가지 좋은 감정을 느꼈을 것이다. 하나는 '원피스 입은 내 모습이 이상하지 않다고 생각하는구나'라는 데서 오는 안도감이고, 다른 하나는 '그 옷을 입은 내 모습을 보려는 좋은 마음을 갖고 있구나'라는 생각에서 생겨나는 상대를 향한 호감이다.

적절한 관심과 호감이 사라진 표현은 상대의 마음을 아프게 한다. 관계는 생물이다. 살아 있는 두 사람이 엮여 있기 때문이다. 숨소리 한 번에도 관계는 요동친다. 마음을 다치면 당연히 관계도 아픔을 겪는다는 사실을 기억하자.

말 잘하는 사람이
글도 잘 쓴다

　대화에 능숙하지 않은 사람은 대개 글쓰기 실력도 부족하다. 특히 SNS에 쓴 글을 읽으면 그 사람의 말하는 방식을 예상할 수 있다. 온라인상에서의 대화란 결국 글쓰기로 이루어지기 때문이다.

　온라인 세상에서 가장 중요한 말하기는 아마도 '댓글'일 것이다. 댓글이란 원글을 쓴 사람과의 대화나 마찬가지이기 때문이다. 가장 안타까운 경우는 분명 좋은 마음으로 쓴 댓글인데, 감정을 제대로 표현하지 못해서 기분 나쁘게 읽힐 때다. 물론 그 사람의 마음을 아는 사람이라면 대충 이해하고 넘어가겠지만, 서로 깊게 소통하지 못한 관계라면 이해하지 못할 수도 있다.

　예를 들면 이렇다. 누군가 '사는 게 너무 힘들다'라는 글을 썼다. 하지만 '그럼에도 꿈을 향해 나아가는 나날이 즐겁다'라고 말하며 글을 마쳤다. 그러자 한 사람이 댓글로 이렇게 적었다.

"인생을 평가하는 건 자신의 몫입니다. 내가 살아보니 그렇더이다. 꿈을 선택하신 것, 아주 잘했어요. ㅎㅎㅎ 힘내세요~~!!!"

느낌이 어떤가? 매우 애매한 기분이 든다.

'대체 이 사람, 댓글 쓴 이유가 뭐지?'

'뭐지? 날 놀리는 건가?'

처음에는 뭔가 가르치려는 느낌을 주다가, 갑자기 잘했다고 칭찬하며 웃다가, 마지막에는 힘을 내라고 한다.

이렇게 바꾸면 어떨까?

"현명한 결정을 하신 것 같아요. 소중한 꿈이 이루어지고 있음을 믿습니다."

당신이 만약 누군가를 말로 응원하고 싶다면,

자신의 과거 경험은 최대한 배제하고,

자신의 입장에서 나올 수 있는 표현도 지우고,

고생의 관점이 아닌 꿈을 이룬 미래의 관점으로 이야기하는 게 좋다.

물론 상대에게 도움이 되려는 마음은 알지만, 그 마음을 상대가 제대로 느낄 수 있게 표현해야 한다. 한마디로 '도착하는 말'을 전해야 한다. 그 사람을 생각하는 만큼, 사랑하고 아끼는 만큼, 더 많이 생각한 마음을 표현해야 한다.

쓴 글을 다시 읽어 보면서 수정하는 방법이 가장 좋다. 이건 나도 댓글을 쓸 때마다 사용하는 방법이다. 어떤 글이든 읽어 보면 그냥 쓸 때와는 느낌이 다르다. 읽는 사람 입장을 느끼고 싶다면 반드시 읽으면서 수정하는 과정을 거쳐야 한다. 우리가 상대의 마음에 다가갈 수 있는 표현을 잘 떠올리지 못하는 이유는 다가가려는 노력을 하지 않았기 때문이다. 다가가고 싶은 만큼 더 많이 읽어라. 최소 세 번 이상 실제로 말하듯 읽어 보라.

SNS에서 글은 오프라인에서 말과 같다. 생각 없이 쓴 한 문장은 결코 다시 주워 담을 수 없다. 상대가 읽는 순간 이미 지워지지 않는 기록으로 마음에 남게 되기 때문이다. 우리가 세 번, 아니 수십 번이라도 더 생각하고 말해야 하는 이유는, 내가 말한 한마디가 전해지는 시간은 길어야 10초이지만, 그걸 들은 상대의 가슴에서 내 말이 사라지는 기간은 10년이 넘게 걸리기 때문이다.

세상에
말과 글을 지울 수 있는
지우개는 없다.
말하기는 쉽지만,
지우기는 어렵다.

유독 나만 주변 사람들 때문에 힘들다면?

"저 사람은 내게 왜 이렇게 무례한 걸까?"

"도대체 왜 저렇게 큰 소리로 말하는 걸까?"

"오늘 유독 기분이 별론가?"

주변 사람들을 둘러보았을 때, 자신이 어떻게 말하고 행동하는지 모르고 타인에게 고통을 주는 사람이 있다. 그들은 분명 우리에게 피해를 주는 사람이 맞다. 하지만 그런 사람이 한둘이 아니라면? 유난히 화를 내거나 크게 소리치는 사람이 많다고 느낀다면? 그들이 아닌 당신 자신을 돌아볼 수 있어야 한다. 그런 경우 대개 당신은, 상대가 화를 내야 그제야 그의 이야기를 들어주고, 소리를 질러야 슬슬 움직이는 사람일지도 모른다. 당신 주변에 크게 소리 지르며 화를 내는 사람이 많다면, 사람들은 당신이 그래야 움직이는 사람으로 생각할 가능성이 높다.

이런 방식의 접근이 처음이라면 다소 충격적인 이야기로 들릴 수도 있겠다. 하지만 세상에 어느 한쪽에만 책임이 있는 경우는 별로 없고, 같은 일이 반복된다면 스스로 점검해 보는 과정이 필요하다. 이때 어떤 문제보다도 중요한 것은 상대를 통해 나를 발견해야 한다는 사실이다. 변화의 과정은 간단하다.

1___ 내 마음 들여다보기

자신을 잘 아는 사람만이 자신을 잘 바꿀 수 있다. 상황에서 잠시 물러나 일단 당신의 현재를 돌아보라. '내가 방금 어떤 말을 했지?', '내 말이 그의 어떤 부분을 자극한 걸까?', '나는 왜 저 사람에게 그런 말을 했을까?' 등의 질문으로 자기 마음을 제대로 바라보려고 노력해야 한다. 세상에서 가장 만나기 어려운 사람은 국가원수나 기업의 총수가 아니다. 바로 자기 자신이다. 스스로를 객관적인 시선에서 제대로 보기 위해서는 흘러가는 상황에 갇히지 말고, 자신의 마음 상태가 제대로 보일 때까지 질문을 던져라.

2___ 상대의 마음 생각해 보기

당신에게 소리를 지르고 화가 난 사람은 지금 어떤 마음일까? 일단 상대의 이야기를 들어 보자. 스스로 생각해도 심하다고 생각할 정도로 듣기만 해 보는 것이다. 들어야 상대의 마음을 발견할 수 있고 잘 말할 수 있다. 당신이 아무리 많은 말을 해도, 그걸 듣는 건 상대의 마음이기 때문이다. 귀가 아니라 마음이 알아들을 수 있는 언어로 말해야 한다.

3___ 바꾼 말과 행동을 일주일만 유지해 보기

당신은 이제 매우 놀라운 경험을 하게 될 것이다. 나와 상대의 마음을 이해하면 마음이 바뀐다. 마음을 바꾸면 말이 바뀐다. 나의 말과 행동이 달라지면 상대의 말과 행동도 바뀐다. 너무 간단명료해 보이는가? '이런 말은 누가 못해?'라고 생각하는가? 하지만 변화는 원래 복잡하지 않다. 단지 이제 당신이 해야할 일은 '원래의 마음으로 돌아가지 않는 것'이다. 나쁜 버릇은 고치기가 어렵다. 자신의 마음에 솔직하지 못하고 상대의 마음을 이해하려 하지 않는 버릇을 버리고, 바뀐 말과 행동을 단 일주일만 철저하게 지켜보자. 일주일이 지난 후, 한번 놀라운 변화를 경험한 당신은 예전의 마음으로 돌아가고 싶지 않을 것이다.

우리는 여전히 자신을 잘 모른다. 이유가 뭘까? 교육에 답이 있다. 어릴 때부터 우리가 가장 자주 풀었던 문제는 타인의 의도를 파악하는 것이었다. 출제자의 의도를 파악하고, 작가의 의도를 파악하는 문제가 대부분이었다. 글을 읽은 후에는 자신의 마음과 내면의 변화, 그 과정을 통해 얻은 생각을 정리하는 게 우선인데, 세상은 자꾸만 남의 생각을 먼저 알아보라고 강요했다. 그래서 아무리 많이 배워도 늘 서툴다. 나를 모르는 상태에서 타인을 제어하려고 하기 때문이다. 대화도 마찬가지다. 우선 그 말을 내뱉고 있는 나의 진짜 마음을 알아야 한다. 그리고 상대를 보아야 한다. 그럼 당신도 이제 좋은 대화를 시작할 수 있다.

상대를 존중하는 마음이
내 능력을 더 빛나게 한다

2018년 1월 호주 오픈 테니스 16강 전에서 전 세계 랭킹 1위 노박 조코비치가 한국 선수 정현에게 패했다. 조코비치의 패배를 예상한 사람은 소수에 불과했기에, 그를 응원하던 사람들은 큰 충격에 빠졌다. 엄청난 사건이었다. 세상이 깜짝 놀랐고 수많은 기자가 인터뷰를 시도했다. 그들이 사용하는 언어는 모두 달랐지만, 흥미롭게도 질문은 같았다.

"아픈 몸으로 경기에 나간 이유가 무엇인가요?"

"오른 팔꿈치 통증이 경기에 영향을 끼친 건가요?"

이에 조코비치는 이렇게 답했다.

"내 부상에 대한 이야기는 그만해 주세요. 그건 정현의 승리를 깎아내리는 행위일 뿐입니다."

순간 인터뷰장의 공기가 바뀌었다. 패배를 인정한 동시에 상대를 존중하는 마음을 담은 한마디였다.

"저도 프로 선수입니다. 어느 정도의 통증은 참아낼 수 있고, 실제로 저는 참는 것에 익숙합니다. 정현은 정신적으로 더 강인하고 침착했습니다. 생각해 보면 경기 내내 그는 늘 제 앞에 서 있었고, 저는 그의 등만 바라보며 쫓아갔습니다."

그의 말이 아름답게 느껴지는 이유는 뭘까? 승리는 스스로 이겨서 움켜쥐는 것이지만, 존경은 세상이 나를 바라보는 시선의 합으로 만들어지는 것이기 때문이다. 승리보다 더 어려운 것이 바로 존경의 시선으로 바라보는 사람들의 눈빛을 얻는 일이다. 그는 한마디 말로 그 어려운 것을 쟁취했다. 금빛 메달을 얻는 것보다 빛나는 눈빛을 얻는 게 더 힘들고 어려운 일이다. 스스로 자신의 감정을 제어하고, '상대를 존중하는 관점'에서 생각하고 말해야 하기 때문이다. 그런 의미에서 조코비치는 누구라도 존경할 수밖에 없는, 승자보다 멋진 패자였다.

사실 조코비치도 할 말은 많았다. 세상에 할 말이 없는 사람이 대체 어디 있겠는가? 객관적으로 봐도 그의 경기력은 평소처럼 강력하지 않았다. 통증 때문에 반년의 공백기 동안 서비스 폼을 바꿨지만 자주 실수했고 스피드도 평균적으로 나오는 수치보다 느렸다. 하지만 그는 몸에 대한 이야기는 전혀 언급하지 않았다. 할 말은 있었지만, 가슴 속에 묻었다. 그리고 멋진 경기력을 보여준 상대를 존중하며 칭찬했다.

"존경한다. 정현은 마치 벽 같았다."

"세계 랭킹 10위 이내에 진입할 충분한 잠재력이 있다."

실력도 능력도 중요하다. 하지만 내 능력을 더욱 빛나게 하는 건 상대를 존중하는 마음이다. 우리는 누군가에게 밀리거나 경쟁에서 패배했을 때 이런 표현을 자주 한다.

"내가 10년만 젊었으면 쉽게 이겼을 텐데!"

"오늘 컨디션이 안 좋아서 그래. 평소라면 어림도 없지!"

이런 말은, 아니 이런 변명은 듣는 상대의 기분을 상하게 할 뿐이다. 아무리 변명을 해도 당신이 밀리고 졌다는 사실에는 변함이 없다. 게다가 현실을 도피하려는 변명을 하면서 괜히 상대의 분노까지 사게 된다.

같은 상황이라도 다르게 표현하면 분노가 아닌 존경을 받을 수 있다.

"오늘, 너 정말 멋졌어!"

"역시 세상은 빛나는 사람을 알아보는구나."

내가 어떤 악을 써도 상황은 변하지 않는다. 그 상황을 아름답게 만들어 나가는 것은 일의 결과가 아니라 일이 끝난 이후의 짧은 말이다.

나의 욕망이 아니라
'그 사람의 언어'로 말하라

커피숍에서 손님을 기다리고 있었다. 여덟 명의 무리가 앞 테이블에 앉더니 내 테이블에 있는 의자 네 개 중 무려 세 개를 가져가며 이렇게 물었다.

"이 의자, 좀 가져가도 되죠?"

나는 속으로 이미 이런 생각을 했다.

'아니, 뭘 물어봐. 이미 의자 옮기고 있잖아.'

"이 의자, 좀 가져가도 될까요?"가 아니라, "이 의자, 좀 가져가도 되죠?"라는 질문. 어떤가? 같은 상황에서 같은 말을 해도 상대방의 마음을 이해하고 나온 말과 내 입장만 요구하는 욕망에서 나온 말은 매우 다르다.

"이 의자, 좀 가져가도 될까요?"라는 질문에는 '당신의 허락이 필요해요'라는 동의를 구하는 의미가 있다. 그리고 "이 의자, 좀 가져가도 되죠?"라는 질문에는 '이 정도는 괜찮잖아요'라는 통보의 의미가 있다.

사소한 차이 같지만 이런 말들이 반복된다면? 매우 괴로운 인생을 살게 될 것이다. 내가 한 말이 어디서부터 어떻게 잘못 전달되었는지 스스로 전혀 인지하지 못하는 까닭에, 영문도 모른 채 사람들의 비난과 분노를 쉽게 살 수 있다. 말이 어려운 이유가 바로 거기에 있다.

내가 원하는 것을 그냥 나의 언어로 전할 때는 반드시 문제가 생긴다. 각자의 입장과 상황이 다르기 때문이다. 우리는 모두 '나'라는 나라에 살면서 '나만 아는 언어'를 사용하는 사람이라는 사실을 기억해야 한다. 그래서 우리는 상대가 어떤 언어를 구사하는지 관찰해야 하고, 나의 욕망을 드러내는 말이 아닌 그들의 언어에 맞는 표현을 찾아 들려주어야 한다. 그랬을 때 우리는 원하는 것을 얻을 가능성이 높아지고 서로 상처받지 않는 대화를 할 수 있다. 그렇다면 어떻게 상대방의 언어로 말할 수 있을까?

1── 쉽게 생각하지 않는다

세상에 쉽게 열리는 마음은 없다. 마음을 열어 주었으면 하는 사람이 있다면, 시간을 여유 있게 두고 먼저 많이 관찰하라.

그 사람에 대한 일기를 쓴다고 생각해 보자. 당신은 그 사람에 대해 얼마나 알고 있는가? 그 사람의 요즘 기분을 날씨로 표현해 본다면? 그 사람이 주로 쓰는 말이나 자주 하는 행동이 무엇인지 떠올려 본다면? 섣불리 다가가면 결국 서로에게 상처만 주게 된다.

2___ 쉽게 요구하지 않는다

준 것보다 더 많은 것을 받기를 기대한 사람은 결국 실망과 분노로 관계를 끝맺는다. '이 정도면 되겠지'라는 마음으로 시작해 '이 정도는 주겠지?'라는 기대로 말하기 때문이다. 더 많이 생각하고 덜 요구하자.

3___ 쉽게 질문하지 않는다

성의 없는 질문은 성의 없는 대답을 부른다. 만일 누군가 당신의 질문에 시큰둥하게 답변하는 것 같다면 당신의 질문을 되돌아보라. 예를 들어, "밥 먹었니?"라는 질문에는 '밥을 먹었다'와 '먹지 않았다' 둘 중 하나로밖에 답하지 못한다. 폐쇄된 답변을 요하는 질문을 던져 놓고 상대의 말이 짧고 성의 없다는 불평을 하고 있지는 않은가? 질문자는 대답하는 입장을 생각할 줄 알아야 한다. "밥 먹었니?"라는 질문 대신 "오늘 밥 뭐 먹었어?" 혹은 "밥은 왜 아직 먹지 못한 거야?"처럼 열린 질문을 건네 보라.

상대방의 언어를 알기 위해서는 수천, 수만 개의 다리를 건너야 한다. "굳이 그렇게까지 노력해야 할까요?"라고 반문할 수도 있다. 나는 분명히 이렇게 답하고 싶다.

"상대가 소중한 만큼 당신이 말에 담는 마음도 농밀해야 합니다. 말은 자신의 가치를 전하는 가장 근사한 지적인 도구이니까요."

처음에는 쉽지 않을 것이다. 하지만 나는 이런 멋진 사실을 알고 있다.

"그럼에도 포기하지 않는 자는 반드시 그 다리를 건너갈 것이다."

그리고 기억하라.

밀치려고 하면 밀려날 것이고,
안으려고 하면 하나로 흐를 것이다.

모든 대화는
안아야 할 때를
포착하기 위한 시도다.

2장

〈 다정 〉
따뜻한 말은
단단한 마음에서 나옵니다

자존감 높은 사람이
다정하게 말할 줄 안다

세상에는 듣기만 해도 마음이 따뜻해지는 다정한 말이 있다. '따뜻'이나 '다정'이라는 말의 뉘앙스가 워낙 부드러워서 착각하기 쉬운데, 그런 말은 내면이 탄탄하고 자존감이 높은 사람만이 구사할 수 있는 언어다. 자존감이 높은 사람이 상대를 높일 수 있고, 내면이 탄탄한 사람이 누군가를 따스하게 안아 줄 표현을 생각할 여유가 있다.

자존감이 높다는 건 무엇일까? 흔히 자존감이 높은 사람이라 하면, 자신을 사랑하고 자기 생각을 강하게 주장하는 사람이라고 생각하지만, 오히려 그 반대다. 진짜 자존감이 높은 사람은 자신을 지키는 동시에 타인의 감정도 소중하게 대할 줄 안다. 스스로 강하기 때문에 누군가를 도울 여유를 가질 수 있는 것이다.

미국의 철학자 존 롤스John Rawls는 『정의론』에서 자존감을 이렇게 설명한다.

"자존감은 타인의 존경에 의해서, 즉 자신이 타인들에 의해 존중됨을 느낌으로써 형성된다. 만약 타인에 의해 존중되지 않는다면 그의 목적은 실현되기 어려울 것이다."

그의 말을 통해 우리는 스스로 자존감이 높은 사람일수록 타인의 자존감도 소중하게 생각해서 존중할 줄 안다는 사실을 알 수 있다. 그렇기 때문에 자존감이 약한 사람은 오히려 더 큰 소리를 치고 억지를 부리기 쉬운데, 자신을 증명할 방법이 결국 그것밖에 없기 때문이다. 예를 들어, 친하게 지내던 사람이 갑자기 승진하거나 좋은 성적으로 대학에 입학하거나 멋진 집과 자동차를 구매하면, 자기도 모르게 이런 말이 튀어나온다.

"어차피 승진할 때 된 거 아니야? 직장 오래 다니면 다들 승진하지."

"그 대학교 입시 결과가 전년도보다 낮아졌다고 하더라. 너는 운 좋게 잘 갔네."

"요즘 집값 많이 떨어졌나 보다. 아무튼 축하해."

자존감이 약한 사람일수록 말에 부러움과 질투의 마음이 드러나기 마련이다. 하지만 이런 마음으로 말하는 것은 관계를 망치는 것뿐만 아니라 스스로를 망치는 일이기도 하다. 이런 말을 내뱉으면서 자신도 상처를 받게 되고, 그렇게 내면이 다치면 입에서 결코 따뜻한 말이 나오지 않는다. 인생을 망치는 최악의 악순환이 이루어지는 것이다.

물론 모든 인간은 본질적으로 타인을 부러워하고 질투하는 마음을 가지고 태어났다. 우리는 타고난 욕심을 버릴 수 없는 존재다. 태어나 지금까지 살아온 자체가 삶에 대한 욕심이 있다는 증거이기 때문이다. 그러니 먼저, 무언가 부러울 만한 일이 생긴 사람 앞에서 진심을 담아 축하해 주는 건 우리 인간에게 결코 쉬운 일이 아니라는 사실을 인정하자. 신기하게도 우리는 마음을 있는 그대로 인정할 때 그 감정에 대한 부담을 내려놓을 수 있다. 그리고 상대방에게 진심 어린 축하의 말을 하지 못했다고 해도 괜찮다. 집에 돌아오는 길이나 혼자 남은 공간에서 자기 마음을 천천히 되돌아본 후, 그 자리에서 미처 못했던 말을 이렇게 자신에게 들려주면 자존감을 높일 수 있다.

"그 사람 정말 대단하다."

"세상에, 얼마나 엄청난 노력을 했을까?"

"나도 이제 그 사람처럼 열심히 무언가를 하자."

높은 자존감에서 나오는 다정한 말에는 자신과 타인을 행복하게 해주는 힘이 있다. 나도 가끔 그런 경험을 한다. 하루는 제법 고가의 자동차를 구매했는데, 나는 그 사실을 누구에게도 알리지 않았다. 괜한 부러움과 질투를 사고 싶지 않아서다. 하지만 유일하게 단 한 명에게 그 사실을 알렸다. 그 사람은 늘 누군가를 진실한 마음으로 응원해 주었는데, 그럴 때마다 스스로 행복감을 느끼는 게 보였다. 차를 구매했다는 내 말을 듣고 그는 정말 행복한 표정으로 "다행이다"라고 말했다. 당시 내가 집필에 몰입하느라 경제활동을 거의 하지 않아 안 그래도 걱정하고 있었던 차에, 좋은 차를 샀다는 소식에 마음을 놓으며 나온 말이었다. 그 말을 해주는 사람도, 듣는 사람도 함께 행복해지는 따뜻하고 다정한 말이었다.

나의 자존감을 높이기 위해서는 다른 사람의 좋은 점을 발견해 칭찬할 여유를 갖고 있어야 한다. 누군가에게 생긴 좋은 일을 마음껏 축하해 주자. 그건 곧 우리 내면에 하는 소리나 마찬가지다.

"질투와 부러움은 나약한 자존감을,
축하와 축복은 강한 자존감을 증명한다."

자기 내면에 집중할 때
자존감은 높아진다

이제 강한 자존감은 생존을 위한 인간의 필수 도구가 되었다. 그렇다면 자존감은 어떻게 키울 수 있을까? 자존감이 약한 사람은 같은 상황에서도 가장 최악의 방향으로 생각한다. 예를 들면 이런 식이다.

"착하게 말하고 행동하면 남들이 나를 쉽게 생각할 것 같고, 그렇다고 이기적으로 행동하면 남들이 뒤에서 욕할 것 같아 걱정이다. 뭘 해도 다 걱정이네. 사는 게 너무 힘들다."

이들은 왜 혼자 고민하고 혼자 힘들어할까? 그 이유는 간단하다. 내면이 탄탄하지 않기 때문이다. 그래서 이렇게 흔들리고 저렇게도 흔들린다. 그러나 내면이 강한 사람은 '이게 착한 말인가?', '이게 이기적인 행동인가?'라고 고민하지 않는다. 말과 행동이 아니라, 그 행동과 말을 움직이는 '내면의 튼튼함'에 집중하기 때문이다. 바로 자신에 대한 절대적인 믿음이 있다.

그렇다면 자존감과 자신감은 뭐가 다른 걸까? 둘은 비슷한 말처럼 들리지만 전혀 다르다. 근원 자체가 다른 곳에서 나온 것이기 때문이다. 한 줄로 압축해서 설명하면, 자신감은 '세상이 주는 힘'이고, 자존감은 '자기 자신이 주는 힘'이다. 예를 들면 이렇다. 시장에서 사과를 파는 상인이 있다. 만약 그가 어제는 사과를 백 개 정도 팔았는데, 오늘 이백 개를 팔았다면 두 배로 늘어난 판매량이 그에게 자신감을 선물할 것이다. 하지만 그가 다음 날 다시 백 개의 사과만 팔게 된다면 판매량과 함께 자신감도 함께 떨어지게 될 것이다. 앞서 말한 것처럼 자신감은 세상의 기준으로 판단해서 갖게 되는 것이기 때문이다.

하지만 자존감의 소유자는 다르다. 같은 사과를 팔지만, 더 많이 팔린다고 혹은 덜 팔린다고 자존감의 크기가 달라지지 않는다. 그는 스스로에게 자존감의 이유와 근거를 선물하는 사람이므로, 주변 상황에 상관없이 늘 같은 수준의 자신을 유지할 수 있다. 그게 바로 강한 자존감을 갖고 사는 사람만이 가진 특권이다.

매우 중요한 지점이다. 자신감의 근거는 바깥에 있지만 자존감의 근거는 안에 있다. 만약 당신이 자존감이 부족하다고 생각한다면 앞으로 무슨 말이나 행동을 할 때, '남들이 보기에 이상하지 않을까?'라는 질문이 아닌 '이것은 나의 내면이 원하는 것인가?'라는 질문을 스스로 해 보라. '세상이 보기에 좋은 나'가 아닌 '내가 보기에 좋은 나'가 어떤 부분인지 찾아내는 삶을 살아야 강한 자존감을 가질 수 있다.

"내가 원하는 건 무엇인가?"

"나의 내면은 지금 어떤 상태인가?"

"오늘 하루 무엇을 하며 보내야 진짜 나로 살 수 있을까?"

이처럼 내면에 집중하게 만들 질문을 찾아 자신에게 반복적으로 들려주라. 자존감은 겉으로 보이는 행동과 말이 아닌, 자기 내면에 집중할 때 높아진다. 그렇게 높은 자존감의 소유자가 된다면, 이제 당신의 입에서는 이전보다 따스한 말이 나올 것이며, 다정한 마음을 전할 수 있는 사람으로 성장할 수 있다.

"세상의 칭찬에서 멀어져라.
내면의 소리가 들리기 시작할 것이다.
세상이 평가하는 수치로부터 멀어져라.
내면의 만족과 행복의 크기가 커질 것이다."

섬세한 표현이
사람의 마음을 움직인다

내면이 단단한 사람은 섬세하게 표현할 줄 안다. 사람과 세상을 피상적으로 보지 않는 섬세한 시선이 있기 때문이다. 그런 섬세한 시선은 자신과 타인의 마음을 제대로 들여다보게 하고 다정한 표현도 자연스럽게 구사할 수 있게 한다. 예를 들자면 이렇다. 누구든 마찬가지다. 우연히 찾은 식당에서 근사한 맛을 경험했을 때, 내게 밤잠을 허락하지 않았던 독서의 감동을 전하고 싶을 때, 구매한 제품을 누군가에게 추천하고 싶을 때, 그 마음을 아무렇게나 전하려 하기보다는 일단 멈칫하게 된다. 지금 내가 느낀 감동과 기쁨을 나타낼 수 있는 분명한 표현이 떠오르지 않고 지극히 당연한(?) 표현만 입에서 맴돌 때 이들은 좀 더 고민한다. '즐겁다' 혹은 '지루하다', '행복하다' 혹은 '불행하다', '맛

있다' 혹은 '맛없다', 이런 보통의 표현으로는 당시 받았던 느낌을 상대에게 제대로 전달할 수가 없기 때문이다.

우리가 잘 아는 명언이 있다.

"언어의 한계가 그 사람의 한계다."

이 말을 다르게 바꾸면 이렇다.

"섬세한 표현의 한계가 다정함의 한계다."

다정하고 따뜻한 말은 섬세한 시선으로 세상을 바라볼 때 자연스레 나온다. 그렇다면 어떻게 자신이 보고 느낀 것을 대충대충 전하지 않고 가장 섬세하게 표현할 수 있을까?

자신의 감정과 생각을 표현하는 다섯 가지 방법을 소개한다. 이때, 말하기가 너무나 어려운 사람에게는 먼저 글을 써 보기를 추천한다. 나는 지난 30년간 글을 쓰면서, 자신의 표현을 섬세하게 다듬는 데 글쓰기만큼 좋은 방법이 없다는 사실을 경험했다.

1___ 부정적인 감정을 버린다

부정적인 감정은 말의 한계를 쉽게 설정하게 만든다. 사랑, 희망, 기쁨 등 좋은 감정은 어떻게 그 마음을 설명할 수 있을지 고민하고 다양한 표현을 떠오르게 하지만, 분노, 비난, 죄책감 등 부정적인 감정은 제한적인 표현만 허락할 뿐이다. 부정적인 감정을 앞에 내세우면 마음이 바쁘고 급해서 다른 표현이 잘 생각 나지도 않는다. 우리는 늘 기억해야 한다. 감정이 그 사람의 언어를 지배한다. 부정적인 감정에 집중하기보다는, 말을 건네고자 하는 대상을 사랑하고 축복하는 자신을 바라보며 생각하라.

2___ 표현하고 싶은 대상 그 자체가 된다

"네가 나랑 같은 처지가 되면 절대 그렇게 말할 수 없을 거야"라는 식의 이야기를 누군가에게 들은 적이 있는가? 우리는 왜 그런 이야기를 듣게 되는 걸까? 결국 내가 느낀 마음을 상대에게 제대로 표현하지 못했기 때문이다. 내 마음을 조금 더 섬세하게 표현하려면, 표현하려는 그 대상 자체가 되어야 한다. 밖에서 안을 '상상'하는 게 아니라, 안에서 밖을 '바라봐야' 한다는 말이다. 매우 중요한 부분이다. 밖에서는 보이지 않는 안을 상상할 수밖에 없지만, 안에서는 밖을 선명하게 바라볼 수 있다. 그래서 표현하려는 그 대상 자체가 된 사람의 말은 섬세한 동시에 선명하다. 만약 성능이 좋은 에어컨에 관해서 설명하고 싶다면 스스로 에어컨이 되어야 한다. 더운 날 밖에서 돌아가는 실외기의 마음에 접속해 보고, 에어컨 본체로 가서 인간에게 차가운 바람을 제공하는 그 마음을 안아 보라. 상상과 현실은 다르다. 밖에서 상상하지 말고, 안에서 바라보라.

3___ 한 줄로 표현하는 습관을 들인다

누군가 "당신의 생각을 한 문장으로 알려주세요"라고 요구하면, 당장 답하기 어려울 것이다. 한 문장으로 생각을 표현하는 것은 좀처럼 쉬운 일이 아니다. 짧게는 1분, 길게는 1시간 이상의 상황을 단 한 문장으로 압축해야 하기 때문이다. 하지만 그런 습관을 들이면 말도 글도 삶도 짐작할 수 없을 정도로 좋아진다. 우선 상황을 대하는 마음이 바뀌면서 이전보다 더 깊이 생각할 수 있다. 그리고 한 문장으로 말하기 위해서 더욱 다양한 측면에서 탐색하게 된다. 지금부터 일상에서 자주 만나는 어떤 풍경을 바라보며, 혹은 직장에서 동료가 대화를 나누는 장면을 관찰하며 그저 그 상황을 바라보는 데 그치지 말고, 한 문장으로 표현하려고 시도해 보라. 그러다 보면 누구든 그걸 습관으로 만들 수 있다.

4___ 지식이 아니라 마음을 전한다

지식은 그걸 만든 '타인의 것'이고, 마음은 그걸 느낀 '나의 것'이다. '이게 맞는 걸까?', '이게 틀리면 어쩌지?', '남들이 뭐라고 지적하는 게 아닐까?' 이렇게 지식을 전하려는 생각은 자꾸만 나를 움츠러들게 만들고, 표현할 수 있는 언어의 한계를 설정한다. 남의 지식이 아니라 나의 마음을 전한다는 생각으로 접근해야 한다. 생각해 보라. 글을 읽을 때도 우리는 지식을 자랑하는 게 아닌, 읽기 편하고 알기 쉬운 글에서 가치를 발견하지 않는가? 꼭 필요한 경우가 아니라면 외국어나 전문 용어 사용에 주의하고, 중학생이 들어도 감동할 수 있는 쉬운 말을 전하자. 복잡하고 어려운 것만이 섬세한 건 아니다. 섬세한 표현은 지식이 아닌 마음을 전할 때 나타난다.

5___ 대체할 수 있는 표현을 만든다

자신이 느낀 감정을 더욱 선명하게 표현하려면, 단어와 문장을 더 섬세한 태도로 다뤄야 한다. 자신이 느낀 수많은 다양한 상황을 '즐겁다' 혹은 '지루하다', '행복하다' 혹은 '불행하다', '맛있다' 혹은 '맛없다'로만 표현할 수밖에 없는 이유는, 상황에 문제가 있는 게 아니라 다른 표현을 생각한 적이 없기 때문이다. '맛있다'를 대체할 표현을 생각하고, '불행하다'를 대신할 표현을 생각해 보자. 가장 적합한 하나를 찾기 위해 반복해서 생각하면 자연스럽게 표현력이 좋아지고, 동시에 하나의 대상을 바라보는 관점도 다양해진다. 나는 음식을 즐길 때도 늘 다르게 표현하려고 노력한다. '맛있다'라는 지루한 표현보다는, '선물을 받은 것 같다'라고 말하는 등 다양한 방식으로 감동을 전한다.

길게 설명했지만 역시 가장 중요한 건 계속하는 마음이다. 계속 써야 표현할 수 있는 범위가 확장된다. 마음은 표현으로, 표현은 곧 말로 이어진다. 내가 말하고 싶은 주제를 심도 있게 파헤치면서 우리가 가진 표현의 바다는 이전보다 깊고 넓어진다. 언어의 한계가 곧 그 사람의 한계이듯, 다르게 살고 싶다면 다르게 표현할 줄 알아야 한다. 다른 표현이 다른 말을 하게 하고, 다른 말이 다른 삶을 살게 한다. 섬세하게 표현을 다듬고 좀 더 다정하게 말하자.

외로움을 사랑하는
연습이 필요하다

아이들이 초등학교에 입학하면 가장 먼저 듣고 배우는 말은 "친구랑 사이좋게 지내야 합니다", "싸우지 말고 서로 양보하세요"와 같은 말이다. 학교를 졸업하고 사회에 나와도 마찬가지다. "다른 사람을 먼저 생각하세요", "다른 사람과 좋은 관계를 유지해야 합니다"라고 이야기한다. 놀랍게도 관계의 문제는 아이부터 어른까지 다양하게 겪는다. 인간관계가 중요한 문제임에는 틀림없다. 하지만 타인을 지나치게 의식하다 보면 우리의 내면세계는 무너지기 쉽다. 다정한 말도 따뜻한 배려도 결국 내 안에서 생겨난다.

나는 다른 사람과의 관계 이전에 여러분 자신과의 관계를 돈독히 하기를 권한다. 특히 외로움의 감정을 잘 다룰 수 있어야 한다. 혼자 있는 시간을 견디지 못하는 사람은 함께 있는 중에도 외롭기 때문이다. 삶은 어쩌면 외로움을 견디는 기나긴 여정이다. 외로움은 다른 감정과는 성격이 조금 다른데, 다른 사람에게 직접적으로 말하기도 힘들고 말하는 것만으로는 위로가 되지 않기 때문이다. 오히려 치부를 드러냈다는 생각이 들어 마음이 불편해진다. 하지만 외로운 마음에서는 따뜻한 말이 나올 수 없다. 이럴 때 마음의 방향을 조금만 바꾸면 외로움의 시간을 대폭 줄일 수 있다.

고 이어령 선생은 대학 입학 이후로 저녁 6시 이후에는 약속을 잡지 않았다. 그날 배우고 느낀 것을 집에서 홀로 사색하며 자신의 것으로 만들기 위해서다. 괴테도 마찬가지다. 그는 낮 시간에 수많은 사람들과 만나 보고 듣고 배운 것을 마차를 타고 홀로 산책하며 자신의 것으로 만드는 시간을 즐겼다. 나는 이처럼 타인과의 관계를 잠시 내려놓고 먼저 홀로 있는 시간을 잘 다스렸던 대가들의 삶을 분석하며, 그들이 자신에게 찾아오는 수많은 불안과 외로움의 감정을 이겨냈던 네 가지 마음 처방법을 발견했다.

1___ 매일 자신에게 작은 선물 주기

나를 괴롭히는 최악의 외로움은 자신을 믿지 못하는 마음에서 시작한다. 자신을 믿지 못하면 결국 자신이란 존재가 불편하게 느껴질 수밖에 없다. 자기 가능성을 믿는다는 의미에서 스스로 매일 작은 선물을 주라. 다이어트를 하는 중이라면 작은 과자나 초콜릿을, 직장인이나 주부라면 혼자서 즐길 수 있는 짧은 휴식을 선물로 주라. 작은 선물이 삶의 활력이 될 것이다.

2___ 나만의 장소로 걸어가기

외로움은 자신을 망치는 감정이 아니다. 그대로 방치하면 엄청난 비용을 치러야 하지만, 긍정적으로 이용하면 오히려 삶에 도움이 된다. 가장 좋은 방법은 나만의 장소를 만드는 것이다. 공간의 크기나 환경은 그리 중요하지 않다. '외로움을 이겨내는 장소'라고 이름을 짓고, 그곳에서 당신을 외롭게 하는 감정에 몰입하라. 그럼 몰입한 시간이 당신이 외로운 이유를 알려 줄 것이다. 노트를 하나 만들어서 그 답을 적고, 그 순간의 기분과 앞으로 어떤 생각과 행동으로 외로움을 이겨낼 것인지 방법을 간략하게 적자. 날짜도 함께 적는 게 좋다. 외로움의 방향을 예상할 수 있는 좋은 기록이 될 것이다.

3___ 결과를 생각하지 않기

무슨 일을 하든 과정보다는 결과만 생각하는 사람이 있다.

덕분에 그들은 순간적으로 원하는 결과를 얻고 만족을 느낄 테지만, 장기적으로는 외로움을 느끼게 된다. 결과에는 사람이 없기 때문이다. 그러나 과정을 중요하게 생각하는 사람은 외롭지 않다. 서로의 성공을 응원하며 좋은 마음으로 돕는 사람들이 있기 때문이다. 그게 바로 대가들이 일의 과정을 중시하는 이유다. 또한 그들은 기쁨과 슬픔을 함께 느끼기 때문에 중간에 지치거나 외로움에 빠지지 않는다. 과정을 생각하는 자는 절대 혼자가 아니다.

4___ 자주 머무는 공간을 사랑하기

일을 마치고 집에 돌아와 불을 켜면 순간적으로 외롭다는 느낌이 든다. 이때, 차갑게 느껴지는 집 안의 모든 물건에 온기를 불어넣어야 한다. '나는 혼자다'라고 중얼거리지 말고, '나는 여기에서 내가 사랑하는 것들과 함께 살고 있다'라고 생각하는 것이다. 당신은 혼자가 아니다. 당신이 머무는 공간 역시 따뜻하게 그대를 안아 주고 있다. 가장 끔찍한 마음의 빈곤은 혼자라는 느낌에서 시작한다.

기억하라.

"그대는 늘 이 세상과 함께 존재한다."

우리는 결국 혼자 남는다. 함께 일하며 일상을 나누지만, 모든 게 끝난 후에는 매일 홀로인 상태를 견뎌야 한다. 그러니 외로움을 사랑하는 일을 게을리해선 안 된다.

자기 몫의 외로움을
사랑할 수 있는 자만이
삶을 근사하게 만들어
나갈 수 있다.
자신에게 먼저 따뜻한 말을
선물할 수 있는 사람이
누군가에게도
다정한 말을 들려줄 수 있다.

분노의 감정에 휩쓸리지 않는 네 가지 방법

"평소에는 괜찮아요. 하지만 분노가 시작한 후에는 도무지 감정을 주체하기 힘듭니다."

이렇게 말하는 독자가 있었다. 그에게 나는 다시 질문했다.

"우리는 왜 분노를 주체하지 못할까요?"

다정한 말도 따뜻한 말도 다 좋다. 하지만 화가 난 상태라면? 아무리 내면이 튼튼한 사람도 일단 분노의 감정이 인 후에는 어찌할 바를 몰라 한다. 문제 해결을 위해서는 '분노'라는 감정의 본질로 다가가야 한다.

"우리는 왜 분노하는가?"

나는 15년 넘게 사색하고 연구하며 우리가 분노하는 이유와 과정, 그리고 분노를 제어할 줄 아는 사람에게 나타나는 특징을 포착해 다음 네 가지로 정리했다.

1___ 믿음과 의지를 구분한다

"너를 믿었는데, 실망이다."

힘들 때 잠시 누군가의 어깨에 기댈 수는 있다. 하지만 기댄 채 걸을 순 없다. 다시 앞으로 나갈 땐 혼자 걸어야 한다. 믿는 마음과 의지하는 마음은 구분해야 한다. 삶은 결코 누군가의 등에 업혀서 갈 수 있는 게 아니기 때문이다. 이를 제대로 구분해야 일단 분노에 빠지지 않을 수 있다. 사람은 일이 잘 풀리지 않거나 인생이 마음처럼 되지 않을 때, 내 마음을 안아 주는 누군가를 찾게 된다. 안겨서 마음의 평화를 얻을 수는 있지만, 그 평화가 날 대신해 걸어 주지는 않는다. 다시 걷는 건 언제나 내 몫이다. 타인에 대한 믿음과 의지를 구분하지 못할 때, 우리는 쉽게 분노하게 된다.

2___ 답이 없는 말에 대응하는 법을 안다

세상에 어떤 것에도 완벽하게 들어맞는 이론은 없기 마련이다. 강연을 하다 보면 누군가 "다 그런 건 아니죠!"라는 말을 하곤 하는데, 그때 나는 딱히 해줄 말이 없다. 어떤 설명도 어떤 대답도 통하지 않는, 말 그대로 '답이 없는 말'이기 때문이다. 내가 하는 어떤 말에든 트집을 잡고 인정하지 않는 사람들이 있다. 그럴 때는 곧장 화를 내며 주장을 펼치지 말고 이런 방식으로 응수를 해 보라.

"아, 그런 생각도 할 수 있겠네요."

"좋은 관점에서 나온 생각이네요."

대화에서 중요한 건 상대가 아니라 내 마음이 먼저 편안해야 한다는 사실이다. 표현을 조금만 바꾸면 분노로 향하는 내 마음을 멈추게 할 수 있다.

3___ 스스로 잃을 게 많은 사람이라고 생각한다

화를 잘 내는 사람은 평소에 좋은 평을 듣다가도, 한순간의 감정을 조절하지 못하는 탓에 큰 손해를 본다. 나도 마찬가지로 정말 화가 날 땐 분노를 있는 그대로 표현하고 싶다는 욕망에 빠진다. 그럴 때 '나는 잃을 게 많은 사람이다'라고 생각한다. 지난 노력과 내 시간을 누군가의 한마디로 무너뜨리고 싶지 않다. 별 생각 없이 누군가 던진 한마디에, 왜 나는 긴 시간 고민하고 분노해야 하는가! 그럴 땐 그저 스쳐 보내자. 그게 지금까지 수고한 내 삶에 대한 예의다. 타인의 부정적인 말에 신경 쓰지 않고 내 노력과 시간과 삶에 더 집중할 때 우리 내면은 더욱 단단해지고, 분노의 감정에 자신을 내어 주지 않아도 되며, 말도 부드럽고 다정하게 건넬 수 있다.

4___ 되씹지 않고 강력하게 긍정한다

우리가 분노의 늪에서 빠져나오지 못하는 이유는 분노라는 감정에는 중독성이 있기 때문이다. 분노한 사람은 그 감정에 대해서 생각하고 또 생각한다. 그래서 많은 전문가들은 분노가 자신을 찾아올 때, 몇 가지 질문을 통해 시간을 두고 감정을 제어하라고 조언한다. 그런데 사실 그게 현실에서는 쉽지 않다. 게다가 바로 쏘아붙이고 싶을 정도로 분노했을 때, 자신에게 몇 가지 질문을 하며 스스로 마음을 제어할 수 있을 정도의 사람이라면, 분노를 가라앉히는 질문조차 필요하지 않을 것이다. 그런 질문을 할 수 있다는 자체가 이미 자기 마음을 스스로 제어할 줄 안다는 증거니까. 하지만 다시 생각해 보자. 부정의 마음은 전염성이 강해서 쉽게 그 사람의 마음을 정복한다. 반면에 긍정적인 마음은 빼앗기기 쉬워서 단 한 번의 유혹에도 힘을 잃는다. 결국 방법은 하나다. 한 번 부정적인 마음이 들면 열 번 긍정하는 것이고, 열 번 부정적인 마음이 들면 백 번 긍정하는 수밖에 없다. 더 자주 더 강력하게 긍정하라. 그게 긍정의 마음을 빼앗기지 않는 가장 좋은 방법이다.

일상을 관찰할 때
언어의 온도는 올라간다

사람은 모두 일상을 살아간다. 그러니 우리가 구사하는 언어의 온도를 높이고 싶다면, 일상에서 만나는 장면을 잘 지켜보며 관찰해야 한다. 관찰은 중요한 순간을 포착해 우리를 생각에 잠기게 한다.

여기, 우리 일상 속 흔히 지나치는 장면들을 소개한다. 글을 읽으며 자신에게 이런 질문을 해 보라. "어떤 마음으로 일상을 관찰할 때 우리의 말이 더 아름다워질 수 있는가? 어떻게 표현할 때 언어의 온도를 높일 수 있는가?" 섬세한 눈으로 읽다 보면 단서를 발견할 수 있을 것이다.

장면 1.

마트에서 식사하는 노부부를 본 적이 있다. 그 모습이 꽤 인상적이라서 10년이 지난 지금까지도 기억하고 있다. 시의 형태로 썼으니, 시를 읽듯 읽어주길 바란다.

고기 썰 힘은 없지만

먹을 힘은 남아 있는 남편을 위해

굽은 허리에 힘을 주고 먹기 좋게 돈가스를 자르는

할머니의 뒷모습.

마음이 짠하다.

먹던 우동이 불고 있는 것도 모른 채

할아버지에게 모든 신경을 집중하는 할머니.

할아버지는 할머니의 우동이 자꾸만

불어 가는 게 마음 아파서

"그만 자르고 당신도 먹어요"라고 말한다.

하지만 할머니는 봄날의 햇살처럼 밝게 웃으며

이렇게 답하고는 계속 돈가스를 자른다.

"고기 뜨거울 때 드세요,

나는 당신이 맛있게 먹었으면 좋겠어요."

만약 할머니가 '에이, 내가 이게 무슨 고생이야! 집구석에서 밥에 김치나 먹을걸'이라고 생각했다면? 그런 마음이라면 할아버지에게 다정한 말을 해주지 못했을 것이다. 그런 마음이라면 아무리 멋진 공간에서 식사를 해도, 그 자리가 세상에서 가장 구석진 자리가 된다.

> "차가운 현실을 바꿀
> 세상에서 가장 따스한 빛은
> 언어의 온도를 높여
> 스스로 만들어 낼 수 있다."

장면 2.

"직장에서 도망치듯 나와 나를 찾아 떠난 여행."

낭만적이라고 생각할 수도 있는 문장이다. 하지만 이렇게 말하고 떠난 이는 십중팔구 여행이 끝난 이후 다시 직장에 다니게 된다. 그리고 괴로운 일상의 반복이다. 왜 그럴까? '회사는 지옥, 여행은 천국'이라는 마음이 담긴 저 말에서 알 수 있다.

우리가 내뱉은 말은 우리의 생각이 된다. '도망치듯 나온 직장'이라고 하면 회사는 지옥이 된다. '나를 찾아 떠난 여행'이라고 하면 여행은 천국처럼 느껴진다. 말과 마음은 이어져 있다.

같은 말이라도 어떻게 표현하느냐에 따라 삶이 달라진다. '더 많이 경험하고자 떠난 여행에서 몰랐던 나를 발견했다'라고 표현하면 어떨까? 다정한 말은 스스로에게도 필요하다. 마음을 힘들게 만드는 표현을 굳이 선택하지 말고 이렇게 일상 속에서 차근차근 말을 바꿔 나가 보자.

당신의 하루를 돌아보라. 당신은 어떤 언어로 하루를 채우고 있는가? 삶을 변화시킬 언어 감각은 일상에서부터 시작해야 한다. 가장 좋은 방법은 먼저 '관계를 사랑하는 마음'을 가지는 것이다. 나와의 관계, 타인과의 관계, 세상과의 관계를 사랑하는 사람이 가장 적절한 언어를 구사할 수 있다.

생각해 보면 우리는 모두 복잡한 관계를 맺고 산다. 하지만 나는 그 관계가 참 근사하다고 생각한다. 나를 사랑하는 아이와 고마운 부모님, 힘들 때마다 나를 안아 주는 친구, 매일 다투지만 그래도 믿음직한 직장 동료, 낼 때마다 기분은 나쁘지만 나름 열심히 살았다는 노력의 증거인 세금 납부까지도. 나를 둘러싼 모든 관계가 나를 더 나은 인간이 될 수 있게 도와준다. 그러니 모든 관계를 사랑하라. 그리고 마지막으로 이 사실을 기억하자. 듣기만 해도 마음을 따뜻하게 해주는 다정한 말은 단단한 마음에서 나온다.

〈 품격 〉

우아한 말은
겸손한 마음에서 나옵니다

겸손한 마음은
어떻게 품격이 되는가

보기만 해도 힘이 없어 보이는 한 노인이 부동산에 들어왔다. 식구는 많은데 돈이 부족했던 노인은 부동산 중개인에게 자신이 생각하는 집 금액의 상한선을 말했다. 그런데 부동산 중개인은 이런 말을 날렸다. 나는 정말 그 말이 '날아갔다'라고 표현하고 싶다. 마치 누군가를 죽이기 위해 날아가는 총알처럼 위협적으로 느껴졌기 때문이다.

"그 가격에 얻을 수 있는 전세는, 지하철 타고 ○○역(서울의 집값 싼 지역을 가리켰다)에 내려서, 다시 마을버스 타고 몇 정거장 들어가서 구해 보세요!"

사람은 총알에만 맞아 죽는 게 아니다. 말로 쏜 총에 맞아 생긴 마음의 상처는 죽는 날까지 사라지지 않기도 한다. 많은 사람을 상대해야 하는 직업 특성을 고려했을 때, 그 부동산 중개인에게 시간은 곧 돈이므로 가난한 노인에게 그런 말을 했을지 모른다. 하지만 손님을 대하는 그의 태도에서 품격이 느껴지는가?

이번에는 한 부부가 둘이 살 수 있는 작은 전셋집을 구하러 왔다. 약간의 요구 사항이 있었는데, 그 이야기를 들은 주인은 이런 말을 쏘아붙이며 그들을 내쫓다시피 했다.

"내가 부동산 선수인데, 그런 논리는 통하지 않지. 그럼 가세요. 더 할 말이 없습니다."

이때 과연 '선수'라는 말은 어떤 의미로 해석해야 할까? 한편, 비슷한 요구 사항을 들은 다른 부동산의 주인은 이런 이야기를 들려주었다.

"그 가격에는 좀 힘듭니다. 아무래도 요즘 전셋집이 부족해서요. 대신 다른 지역이라도 물건이 생기면 곧바로 연락드리겠습니다."

그리고 그는 문을 열고 나가는 손님들에게, 마치 선물과도 같은 말을 마음 가득 전해 주었다.

"꼭 좋은 집을 구하실 수 있을 거예요."

그 모습은 마치 하나의 근사한 풍경화 같았다. 우리는 물감과 스케치북이 없어도 언제든 그림을 그릴 수 있다. 따뜻한 말과 그걸 전할 수 있는 한 사람의 마음만 있다면.

대화의 기본은 겸손이다. 허리를 숙여 상대를 존중하는 마음을 드러내는 것처럼, 우리는 '말의 허리'를 숙여 상대를 존중하는 마음을 대화에서 표현할 수 있다. 다음에 소개하는 세 가지 조언을 실천한다면, 그 마음을 여러분의 삶에 담을 수 있을 것이다.

1__ 겸손한 마음은 곧 그 사람의 지성을 증명한다

좋은 관계를 결정짓는 모든 대화는 겸손한 마음에서 시작한다. 인성이 바르지 않은 사람들의 공통점이 '말의 허리'를 숙이지 못한다는 데 있다고 생각할 수 있다. 하지만 조금 다른 지점을 보자면, 사람들이 겸손하지 못한 이유는 지성의 수준이 낮기 때문이다. 상대가 지금까지 보낸 시간의 가치를 아는 사람은 누가 말하지 않아도 스스로 그에게 고개를 숙인다. 그건 단순히 고개를 숙이는 행위가 아니라, 그가 보낸 세월에 찬사를 보내는 일이다. 상대가 보낸 세월을 발견하려고 노력해 보라. 그럼 당신의 지성도 이전보다 높은 수준으로 상승할 것이다.

2__ 겸손한 마음은 상대를 대화의 주인공으로 만든다

대화에서 겸손을 드러내는 게 생각만큼 쉬운 일은 아니다. 가장 간단하고 쉬운 방법은 호칭에서 발견할 수 있다. 처음 만나

3장 (목적) 우아한 말은 겸손한 마음에서 나옵니다

는 상대와 대화를 시작하게 되었다면, 상대의 직함 중에서 상대가 가장 듣고 싶어 하는 것으로 부르는 게 좋다. 예를 들어, 상대가 중소기업을 30년 이상 운영해 온 잘나가는 대표이지만, 만약 어릴 때 가난해서 대학에 진학하지 못해 학력이 고졸이라면, 그러나 사회에서의 경력을 인정받아 대학에서 겸임 교수로 활동하고 있다면 당연히 그를 '교수님'이라고 불러야 그의 호감을 얻을 수 있다.

가장 나쁜 경우는 '~씨'라고 부르는 것이다. 아예 부르지 않는 게 나을 정도로 '~씨'라는 표현은 듣는 사람의 기분을 매우 나쁘게 만든다. 상대의 기분 나쁜 마음을 인식하지 못하고 지금도 '~씨'를 남발하는 사람은 아무리 말해도 이해하지 못할 것이다. 알기 쉽게 말하자면, 그 표현은 직장에서 팀장이 사원을 부를 때 하는 대표적인 말 중 하나다. 직장이 아닌 이상 당신보다 나이가 젊거나 지위가 낮다는 이유로 부하 직원처럼 불리는 경험을 좋아할 사람은 없다.

겸손은 나를 낮추는 게 아니라, 상대의 존재를 인정하는 것이다. 호칭이 바뀌면, 그 사람의 마음도 둘의 관계도 바뀐다. 상대를 대화의 주인공으로 초대하고 싶다면, 그를 무대 중심에 세울 수 있는 호칭으로 불러야 한다.

3 ___ 겸손한 마음은 아름다운 말버릇이 된다

늘 겸손하게 처신하며 상대를 돕는 사람에게는 크게 세 가지 말버릇이 있다.

"당신께 늘 감사합니다."

"모든 것이 덕분입니다."

"당신이 있어서 제가 있습니다."

지금까지 설명한 것이 힘들고 어렵다면 이 표현만 제대로 사용해도 겸손한 태도와 시선을 유지할 수 있다. 반대로 누군가와 관계를 맺고 무언가를 시작하고 싶다면, 그가 위에 제시한 표현을 자연스럽게 사용하는 사람인지 파악해 보라. 모든 상황에 감사하고, 이익과 성과의 작은 공도 상대에게 돌릴 줄 아는 사람은 꾸준히 배우는 사람이다. 뛰어난 지성인이자 가장 아름다운 시선을 갖고 있는 사람이며, 믿을 수 있을 정도로 내면이 튼튼한 사람이므로 그들 곁에서 벗어나지 말라.

말버릇은 매우 중요하다. 사람들은 말버릇을 그 사람의 본심이라고 생각하기 때문이다. 생각할 틈도 없이 기침처럼 나오는 말이, 전략적으로 내뱉는 말보다 그 사람의 진심을 반영한 거라고 믿는 사람이 많다.

겸손한 마음은 우아한 말이 되고, 우아한 말은 당신의 품격이 되어 당신이 살아온 나날의 가치를 증명한다. '말의 허리'를 숙여 상대를 높이는 겸손한 마음이 좋은 말버릇이 될 때 세상은 아름다워질 것이고, 삶의 품격은 더욱 높아질 것이다.

우아하게
조언을 구하는 법

"강의하는 스타일이 지난주 방송에 나왔던 스타 강사와 비슷하세요."

가끔 강의를 마치고 나면 이런 말을 들을 때가 있다. 듣기 좋은 평가로 들을 사람도 물론 있겠지만 반대로 매우 기분 나쁘게 생각하는 사람도 있을 것이다. 그 스타 강사가 아무리 유명한 사람이라 해도 그가 개인적으로 싫어하는 사람일 수도 있기 때문이다.

게다가 비교는 언제나 우리의 마음을 심란하게 한다. 가수에게 발성, 작가에게 문체, 강연가에게 강연 스타일, 기획자에게 기획하는 방식은 매우 섬세한 감각과 오랜 기간 쌓은 경험이 필요한 부분이라, 정말 잘 아는 사람이 아니라면 이에 대해 누군가와 닮았다는 식의 말은 아예 언급하지 않는 게 좋다.

내가 이런 이야기를 꺼낸 이유는 사람들이 조언을 구하는 상대에게 좋은 말을 하려는 의도로 보통 더 멋지다고 생각하는 누군가와 비교하며 치켜세우기 때문이다. 매우 조심스럽게 접근해야 한다. 특히 어느 정도 수준에 도달한 전문가라면 누구와 비교당하는 것 자체를 싫어하기 때문에 더욱 섬세한 접근이 필요하다. 조언에 답하는 것도 쉬운 일은 아니지만, 조언을 구하는 방식은 더 어렵다. 서툰 조언 요청은 만나기도 전에 상대의 기분을 상하게 할 수 있다.

교육 기업에서 한 후배 강사가 이런 조언을 요청한 적이 있다.

"작가님이 인문학 강의를 하신다고 하니, 하나 조언을 구할 게 있어요."

어떤가? 존대를 했지만 이상하게 느낌이 썩 좋지 않은 표현이다. '하신다고 하니'라는 부분 때문에 그렇다. 이렇게 시작하는 조언 요청의 밑바탕에는 '상대를 인정할 수 없다', '네가 제대로 답할 수 있나 한번 보자' 그리고 '나는 잘 모르겠지만, 네가 그렇다고 하니 한번 물어나 보겠다'라는 마음이 들어 있다. 당연히 그 말을 듣는 상대 또한 그 마음을 느낀다. 관계가 망가지는 순간이다.

한편, 상대가 자기 소신대로 조언에 대한 답을 하면 그는 또 이렇게 말한다.

"아, 그건 그렇게 넘어가고, 이번에는 다른 문제인데요."

'그렇게 넘어가고'라는 표현은 정말 최악이다. 상대가 상황을 어렵게 모면했다는 생각에서 나온 표현이기 때문이다. "이번에는 다른 문제인데요"라는 말에서 상대는 '이번에는 피해 갈 수 없을 거다'라는 협박이나 조롱으로 들을 수 있다.

상황은 여기에서 끝나지 않는다. 조언을 구한 사람도 감정을 느끼는 사람이라면 방금 자기가 실수했다는 것을 인지한다. 그게 더 큰 문제다. 실수를 만회하려는 마음에 서둘러 내뱉은 서툰 칭찬이 오히려 상대 기분을 더 최악으로 만들어 버리기 때문이다. 늘 약속에 늦는 사람은 같은 사람에게 자주 밥을 사게 된다. 늦어서 미안한 마음에 자꾸 밥을 사기 때문이다. 말도 마찬가지다. 자꾸만 말로 실수하는 사람은 없는 칭찬을 만들어서 해야 하는 상황에 놓이기 때문에 더 실없는 사람으로 낙인찍힐 가능성이 높다.

우아하게 조언을 구하고 싶다면 이렇게 접근해 보자.

"제가 요즘 고민이 있는데요, 선생님께 조언을 구하고 싶습니다."

'인문학'이나 '강의' 등의 키워드를 빼고 담백하게 시작한다. 그리고 상대의 나이와 상관없이 '선생님'이라는 호칭은 반드시 붙여주는 게 좋다. 그게 조언을 구하는 사람이 취해야 할 최소한의 예의이자 상대를 존중하는 겸손한 마음이 담긴 말이다. 그렇게 조언을 구하면 일단 분위기가 자유로워지고, 자유로운 분위기는 관계를 조금 더 돈독하게 만들어 준다. 바로 그럴 때, 스스로 적절한 조언을 들었다고 생각할 때, 이런 식으로 고마움의 표현을 덧붙이면 좋다.

"역시 선생님의 인문학적 지식과 오랜 강의로 쌓은 연륜은 언제나 저에게 적절한 해답을 주십니다."

처음부터 상대를 대표하는 키워드로 조언을 구하면 상대는 거부감을 느낀다. 자신을 증명해야 한다고 생각하기 때문이다. 설령 그럴 의도가 전혀 없다고 할지라도 상대가 그렇게 느끼면 어쩔 수 없다. 말은 하는 사람이 아닌 듣는 자의 몫이기 때문이다.

자기 분야에서 어느 정도 위치에 오른 사람들은 자주 조언 요청을 받는다. 그리고 비슷한 조언 요청에 지쳐 있을 수 있다. 이때 전혀 다른 내용으로 조언을 요청해서 그의 호기심을 끌어낼 수도 있겠지만, 사실 그건 어려운 일이고 일시적인 감정에 그칠 뿐이다.

"다른 표현이 아닌,

'다른 태도'를 보여 줘야 한다."

같은 상황에서 같은 말을 물어도 태도에 따라 상대는 그 요청을 전혀 다른 느낌으로 받아들인다. 먼저, '상대는 나의 선생님'이라는 생각으로 다가가라. 그리고 처음에는 상대를 대표하는 키워드를 사용하지 말고 담백하게 조언을 요청하라. 마지막으로 그의 답변이 끝나면, 적절한 답을 들었다는 가정 아래 그를 대표하는 키워드를 넣어서 그의 전문성을 증명할 수 있는 고마움의 표현을 해라.

배우겠다는 마음으로 다가와서 자신의 전문성을 인정하고 감탄하는 사람의 태도에 고마움을 느끼지 않는 사람은 없다. 이건 상대에게 잘 보이기 위함이 아닌 그간 노력해서 쌓아 올린 상대가 보낸 세월에 대한 존중의 표시라고 생각하는 게 좋다. 명성이나 명예가 아닌, 그가 쌓은 시간에 경탄하라. 그는 자신의 마음을 주는 것으로 고마움을 표현할 것이다.

말과 생각의 품격을 높이는 다섯 가지 원칙

대문호 괴테에게는 실러 Johann Christoph Friedrich von Schiller 라는 좋은 친구가 있었다. 나이는 조금 차이가 났지만 둘은 문학적인 영감을 주고받으며 서로에게 좋은 영향을 끼쳤다. 하지만 모두가 그들을 좋아한 건 아니다. 하루는 둘의 관계를 시샘한 한 평론가가 괴테에게 이런 질문을 던졌다.

"당신과 실러 둘 중 누가 위대하다고 생각합니까?"

그의 의도를 순식간에 간파한 괴테는 이렇게 응수했다.

"둘 중 한 명을 고르는 게 뭐가 중요하겠습니까? 가리기 힘들 정도로 위대한 영혼이 두 명이나 있다는 것이 좋은 일 아닙니까?"

괴테는 단 한마디로 자신의 기품을 증명했다. 말과 생각의 품격은 어떻게 높일 수 있을까? 괴테의 삶을 통해 나는 '생각의 품격'을 높이기 위한 다섯 가지 조언을 발견할 수 있었다.

1___ 당신에게 있는 인사이트를 발견하라

지금 이 순간에도 많은 사람이 인사이트, 즉 통찰력을 가지려고 노력한다. 간절한 눈으로 원하는 분야의 대가를 찾아가 고가의 비용과 많은 시간을 투자한다. 하지만 그 모든 의욕적인 시도가 귀한 결과로 이어지진 않는다. 그 이유는, 인사이트는 내가 나에게 주는 선물이기 때문이다.

주입이 아니라 스스로 발견하고 채워야 한다. 어떤 좋은 책과 강연을 들어도 내가 준비하지 않으면 무엇도 얻지 못한다. 생각을 바꿔야 한다. '지금 여기에 분명히 무언가 배울 게 있다'라는 생각이 내가 머무는 순간과 공간의 수준을 높인다. 더러운 쓰레기 처리장에서 멋진 테마파크를 상상할 수 있어야 한다. 멈추지 말고, 지금 여기에 무언가 있다고 생각하라. 지금 여기에서 찾지 못하면 다른 곳에서도 찾을 수 없다.

2___ 적절한 때에 의사를 표현하라

사람들은 어떤 새로운 일을 시도할 때 자기 의사를 표현한다. 누군가 "우리 이거 시작해 보자!"라고 힘껏 이야기했는데, 이내 다른 누군가가 "나는 조금 힘들 것 같아. 대신 뒤에서 너희들을 응원할게"라고 한다면? 새로운 일을 시도하려는 긍정과 열정 에너지는 순식간에 사라질 것이다.

나는 강연 전 안내 글을 올리는데, 간혹 가장 먼저 이런 댓글이 달릴 때가 있다.

"나는 못 가지만, 다른 사람은 꼭 가세요."

"정말 좋은 기회이지만, 저는 다음 기회에."

이런 말은 겉으로 보기에는 상대를 배려한 말처럼 들린다. 하지만 말에는 순서가 있다. 의욕적으로 시작한 일에 가장 처음 나온 의견이 불참이라면 이야기는 전혀 달라진다. 강연을 공지한 사람도, 거기에 참석하려는 사람도 모두 맥이 빠진다. 늘 다른 사람 입장에서 생각하라. 부정의 말은 가장 나중에 해도 늦지 않다. 좋은 말은 하지 못하더라도, 최소한 분위기를 망치는 사람은 되지 말자.

3___ 생각하는 일에 시간을 투자하라

"아, 내가 너무 성급했었어."

"그때 조금 참고 나중에 말했어야 했는데."

많은 사람이 대화 후 돌아서서 내뱉는 말이다. 이유가 뭘까? 생각하는 일에 투자하지 않아서 그렇다. 말하는 시간보다 생각하는 시간이 길어야 한다. 설득하려는 마음이 생각을 요구하지 않고, 생각이 말을 요구해야 한다. 우리는 흘러넘친 것만 말할 수 있다. 글도 마찬가지다. 나는 총 열두 달 집필 기간을 정하면, 열한 달은 생각에 빠져 지내고 나머지 한 달 동안 지난 열한 달 동안 생각한 내용을 적는다.

"한 줄의 말이 나오려면, 최소한 네 시간 생각한 시간이 필요하다."

자신이 생각한 시간을 믿어야 내뱉는 말에 믿음이 담기고 상대가 신뢰할 수 있는 사람이 될 수 있다.

4__ '날아간 총알의 법칙'을 기억하라

전쟁 중 아주 깜깜한 밤, 두려움을 이기지 못한 병사 한 이 상관의 지시를 어기고 무작정 총을 한 발 쐈다. 그럼 어떤 이 일어날까? 일단 적군에게 위치를 들킬 것이다. 그리고 곳에 수십 발의 총알이 집중적으로 날아올 것이다.

총알을 대화의 영역으로 끌어와 보자면, 비난하려는 에 비유할 수 있다. 지혜로운 대화의 고수들은 언제나 우리 "비난하려는 마음을 발사하지 말라"고 조언한다. 날아간 총 하나는 나의 두려움을 세상에 보여 주는 일이다. 상처받을까 두려워 먼저 상대를 비난하지 마라. 상대를 비난하고자 하는 음은 오히려 내 마음과 삶을 만신창이로 만든다.

3장 〔품격〕우아한 말은 겸손한 마음에서 나옵니다

5___ 무조건 동조하는 사람에게서 벗어나라

"맞아, 맞아. 네가 잘한 거야."

"그래, 우리는 잘못 없어."

"그 사람이 잘못했네!"

내가 무슨 말을 해도 무조건 동조해 주는 사람이 있다는 사
을 우리 마음을 참 든든하게 만든다. 하지만 그런 식으로 지키
마음의 평화는 오히려 생각의 수준을 낮춘다. 생각의 진보를
F기 위해서는 다른 생각과 다른 행동을 하는 사람을 많이 접
야 한다.

여기에서 중요한 건, 단순하게 다른 말만 하는 사람은 경계
야 한다는 점이다. 때로 어떤 사람의 말은 공허하다. "네 말은
어. 하지만 나는 이렇게 생각해!"라는 식으로 시작해서 자
셜을 말하는 모습은 언뜻 매우 공정해 보이지만, 대개 주입
나 위에서 아래로 누르는 방식의 억압적인 말일 가능성
나. 지식을 자랑하거나 의견을 강요하는 사람을 떠나, 그것
데로 생각하고 실천하는 사람과 가깝게 지내라. 다른 생각
제로 실천하는 사람으로 주변을 가득 채우면, 생각하는 수
체가 달라질 것이다.

품격은 인간이 가질 수 있는 최고의 가치 중 하나다. 수준
- 품격은 상대를 인정하고 배려하는 낮은 마음의 자세에서

시작한다. 그렇기 때문에 비난과 욕설은 인간의 품격을 가장 쉽게 떨어뜨리게 만든다. 아무리 화를 내도 될 만한 상황이라고 해도 우리는 비난과 욕설을 퍼붓는 사람을 바라보며 '품격이 넘쳐 흐른다'라고 말하진 않는다.

또 품격이 느껴지는 말을 하고 싶다면 반드시 조심해야 할 표현이 하나 있다. '내가 웬만하면~'으로 시작하는 표현이다. '내가 웬만하면 가만있으려고 했는데'로 시작하는 말은 자연스럽게 상대를 향한 비난과 욕설이 따르게 된다. 이 말을 내뱉는 순간, 그간 자신이 세상에 보여 줬던 품격 있는 모습은 무너지고 결국 그 모든 건 억지로 포장한 것에 불과하다는 사실을 세상에 공개하는 일이다.

타인을 헐뜯어서 좋을 건 하나도 없다. 하루만 지나도 모두 사라질 감정에 불과하다. 오히려 우리는 내면의 성장에 집중해야 한다. 그리고 괴테의 말을 기억하자.

"인간에게는 품격이 있어야 한다.
그것만이 우리가 알고 있는 다른 것들로부터
인간을 구분할 수 있는 최선의 방법이다."

부정적인 생각은
말의 품격을 떨어뜨린다

하루는 내가 가려는 호텔 라운지를 검색하다가 우연히 발견한 블로그에서 흥미로운 글을 읽었다. 평소 호텔 라운지에서 자주 식사를 즐기고, 원하는 때 원하는 장소에서 휴가를 즐기는 한 여성의 글이었다. 나는 그녀가 남긴 글을 읽다가, 호텔 룸에서 바라본 바깥 뷰를 찍은 사진과 그 풍경을 표현한 부분에서 시선이 멈췄다. 그녀는 이런 글을 남겼다.

"아, 이게 뭐야? 판자촌만 보이네ㅠㅠ 판자촌 뷰인가?"

창밖 풍경은 풍요롭게 살지 못하는 사람들이 모여 사는, 70년대쯤에 지어진 작은 집이 모인 곳이었다. 그 모습을 본 그녀는 낙심하며, '판자촌 뷰'라고 이름 지었던 것이다.

우리가 한 말이 누군가의 마음을 아프게 할 때가 있다. 그

아픔에는 두 가지가 있는데, 하나는 대상을 표현하는 자의 부주의로 시작한 아픔이고, 다른 하나는 대상을 느끼는 사람의 주관적인 해석으로 시작하는 아픔이다. 후자는 우리가 어쩔 수 없는 부분이지만, 전자는 매우 조심해야 한다.

나처럼 그녀가 남긴 글을 우연히 읽은 사람은 '비싼 호텔에서 즐긴다고 판자촌에 사는 사람들을 무시하는 건가?'라는 생각을 충분히 할 수 있다. 게다가 판자촌에 살았던 사람이나 현재 살고 있는 사람도 그 글을 읽을 수 있다. 이건 누구라도 생각할 수 있는 문제다. "아, 이게 뭐야? 판자촌만 보이네ㅠㅠ 판자촌 뷰인가?"라는 표현보다는, "작은 집들이 서로 붙어 있는 모습이 참 정겹네. '따뜻한 뷰'라고 불러야지"라고 말했다면 어땠을까? 그럼 그 글을 읽는 사람의 마음도 함께 따뜻해졌을 것이고, 글을 쓴 사람에 대한 막연한 호감이 생겼을 것이다.

이렇게 미세한 차이로 듣거나 읽는 사람에게 부정적인 느낌을 주는 말의 사례는 매우 많다. 이번에는 호텔에서 식사를 즐긴 일을 지인에게 말해 주는 사람의 이야기를 소개한다. 그는 이렇게 말했다.

"비수기라서 손님이 별로 없었어요. 음식은 많았는데, 그나마 연어가 제일 먹을만하더라고요. 그리고 일식이라서 간이 안 된 것 같이 아무 맛도 느껴지지가 않았어요. 그냥 호텔 앞에 있는 바다나 보러 가자고 해서 나갔죠. 그나마 호텔이 위치는 좋은 곳에 있었거든요. 거기가 관광객들에게 유명한 장소라는데, 뭐 특별한 건 없었어요."

그의 표현을 관찰해 보면, 듣는 사람의 맥이 빠지는 부정적인 표현을 많이 사용했다. '손님이 없다', '그나마', '먹을만', '위치는', '특별한 것은 없어요' 같은 말이다.

부정적인 생각은 말의 품격을 떨어뜨린다. 그때 그의 말을 묵묵히 듣고 있던 지인은 이렇게 말했다.

"간이 심심해서 저한테는 맞을 것 같네요."

짧은 한마디였지만, 무슨 이야기를 듣든 그것을 긍정적으로 받아들여서 좋게 말하는 능력이 있는 사람이라는 사실을 알 수 있었다. 이 사람이 만일 같은 날 같은 식사를 했다면 어땠을까? 아마도 이렇게 말했을지 모른다.

"비수기라서 손님이 적어 여유롭게 식사했어요. 음식도 많았고, 연어가 특별히 더 좋았어요. 일식이라서 간이 강하지 않아 건강한 맛이 느껴졌어요. 호텔 앞에 있는 멋진 바다 보러 가자고 해서 나갔죠. 역시 그 호텔은 위치도 좋은 곳에 있었거든요. 거기가 관광객들에게 유명한 장소라는데, 그럴 만한 가치가 충분했어요."

중요한 건 대상 그 자체가 아니라, 그걸 말로 표현하는 능력에 있다. 스스로 인지하지 못하지만 뭐든 다 부정적으로 표현하는 게 습관이 된 사람이 꽤 많다. 표현을 조금만 바꿔도 다르게 들린다. 그런 능력을 갖게 되면 당신을 향한 나쁜 감정을 가진 사람도 한마디 말로 바꿀 수 있다. 늘 기분 좋은 말을 할 수 있기 때문이다.

긍정적인 생각은 곧 그 사람의 품격이 된다. 한 사람의 표현이 주변 사람들의 일상을 바꿀 수 있다. 그래서 부정적으로 말하는 사람 주변에는 부정적으로 사는 사람들이 가득하고, 품격 있게 말하는 사람 주변에는 품격 있게 사는 사람들이 가득하다. 말은 우리가 부르는 세상이다. 말도 사람도 우리가 부르는 대로 온다.

일상에서
품격 있게 말하는 법

당연한 말이겠지만, 보통의 어른은 아이들에게 도덕적인 삶을 살라고 말한다. 주변에서 고생하는 모든 사람을 따뜻한 마음으로 대해야 한다고 가르친다. 사람은 도덕적으로 살아갈 때, 타인을 인정하고 높이는 마음으로 살아갈 때 일상에서도 말에서도 품격이 드러난다. 하지만 문제는 그런 가르침이 대부분 말에서 끝나기 때문에 일상에 적용은 잘 되지 않는다는 사실에 있다. 가령 '대접받고 싶은 대로 상대방을 대접하라'라는 말은 참 많이 듣는 조언이지만, 현실에서는 실천하기가 정말 어렵다. 왜 그럴까? 그건 하나의 결론이고, 결론으로 가기 위해 실천해야 할 작은 원칙이 빠졌기 때문이다. 품격 있게 말할 줄 아는 사람은 인간이라면 누구나 '때로는 나도 대접받고 싶다'라는 감정이 있다는 사실을 알고 있다.

식당의 단골손님들을 본 적이 있는가? 당신이 생각하기에 단골손님이란 어떤 사람인가? 매주 1회 이상 방문하는 손님? 아니면 조금 더 많이 주문하거나, 단체를 끌고 오는 손님? 사실 단골손님의 기준은 횟수나 금액이 아니라, 고객이 가진 마음이 결정한다. 아무리 많이 찾아와 많은 돈을 써도 이상하게 정이 가지 않고 단골처럼 느껴지지 않는 손님이 있다. 그들에게는 이런 공통점이 있다.

첫째, 지인들을 데려와서 단골손님 대접받는 모습을 보여주려고 한다.

둘째, 단골손님에게 당연히 더 좋은 것을 많이 제공해야 한다고 생각한다.

셋째, 식당의 종업원들을 마치 자기 직원처럼 대하며 심부름까지 시키려고 한다.

반대로 몇 번 찾아오지 않았지만 단골손님으로 생각하며 정성을 다하게 만드는 손님이 있다. 그들은 쓰는 돈과 오는 횟수가 다른 게 아니라, 쓰는 마음과 표현이 다르다.

품격은 그 사람이 가진 돈과 재능이 아니라, 그 사람이 품고 있는 마음이 결정한다. 가끔 해외 호텔에 투숙하다 보면 지인들이 내게 묻는 말이 있다.

"체크아웃할 때도 팁을 두고 나와야 하나?"

호텔 투숙 중에 팁을 두고 나가는 행동으로는 그 사람의 품격을 가늠하기 힘들다. 하지만 마지막 날 체크아웃을 할 때도 평소 투숙할 때와 마찬가지로 같은 금액을 팁으로 남기고 나간다면, 그것은 품격의 근거가 될 수 있다. 눈에 보일 때와 보이지 않을 때 같은 행동을 했기 때문이다.

단순하게 '팁을 두고 갔느냐, 아니냐?'의 문제가 아니다. 이것을 일의 영역으로 변주해서 생각하면, '나를 위해 일하는 상대를 보일 때만 존중하느냐?', 아니면 '보이지 않아도 존중하는 대상으로 보느냐?'의 문제이기 때문이다.

품격은 도덕과 맞닿아 있다. 아무도 보는 사람이 없을 때 쓰레기를 줍는 게 도덕적인 삶의 시작인 것처럼, 팁을 주지 않아도 괜찮은 상황이지만 평소처럼 그 사람의 노력을 존중하는 것이 바로 품격이다.

품격 있게 말하고 싶다면 품격 있는 언어를 사용해야 한다. 그리고 그런 일상을 살아야 한다. 갑이 되려는 마음을 버리고, 상대의 마음을 먼저 인정해 주고자 하는 겸손한 마음을 가질 때 우리에게는 저절로 품격 있는 일상이 주어진다.

멋진 옷과 고상한 언변으로
만든 품격은
훅 불면 거품처럼 사라지지만,
사람을 향한 존중과 배려로
만든 품격은
어떤 상황에서도
그를 빛나게 한다.

말의 품격이
삶의 품격을 결정한다

"사실 저는 정말 쿨한 사람입니다." 이렇게 말하는 사람은 그의 말처럼 쿨하지 않은 사람일 수 있다. "왜 생각의 다양성을 인정하지 않나요!"라고 말하는 사람은 그 사람 역시 다른 사람의 생각의 다양성을 인정하고 있지 않을 수 있다. 편협한 사고를 하는 사람일수록 "나는 공정한 사람입니다"라고 말하고, 이기적인 행동을 하는 사람일수록 "나는 질서를 중요하게 생각하는 사람"이라고 말할 가능성이 높다.

"솔직히 말하자면"이라는 말로 대화를 시작하는 사람은 사실 그간 솔직하지 않았다는 어설픈 고백을 하고 있는 것이며, "당신이 불편했다면 미안합니다"라는 말은 사과가 아닌 자기 보호에 불과한 표현을 하고 있는 것이고, "넌 바로 그게 문제야!"라는 지적은 닫힌 상대의 마음을 아예 열지 않겠다는 다짐과도 같다.

자기 자신에게 한번 질문해 보라. 우리는 살아가면서 주로 어떤 말을 하고 있는가? 나는 평소에 왜 그런 말을 하는가? 우리가 일상에서 표현하는 언어의 수준은 우리 삶의 수준을 그대로 보여 준다. 삶의 수준을 높이고 싶다면 언어를 표현하는 수준에 변화를 줘야 한다. 말의 품격이 높아지면 삶의 품격도 높아진다.

말은 늘 삶보다 먼저 온다. 언어가 지나간 자리를 따라 삶이 지나간다. 삶은 언어를 벗어날 수 없다. 당신의 삶이 어디로 가길 바라는가? 앞이 보이지 않는 암흑으로 가득한 분노의 길인가? 아니면 희망으로 가득한 행복의 길인가?

모든 것은 오늘 당신이 표현한 말의 수준이 결정한다. 듣기만 해도 기분이 좋아지고, 바라보는 모든 것을 사랑하게 만드는 근사한 표현을 자주 한다면 당신은 정말로 그러한 삶을 살아갈 것이다.

"내가 표현한 언어의 수준이,
내가 살아갈 삶의 수준이다."

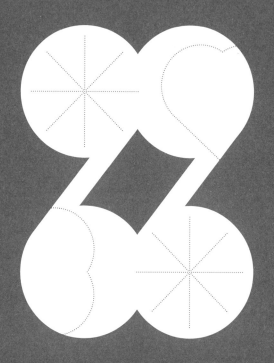

〈 위로 〉

마음을 어루만지는 말은
이해하는 마음에서 나옵니다

타인의 감정을 중요하게
생각한다는 것의 의미

"지금 울면 시청률 완전 올라갈 것 같은데."

"지금이 울 타이밍이야! 아직 방송을 모르네."

눈물은 시청자를 감동하게 하는 가장 좋은 대사다. 예능 프로그램에서 눈물은 감동을, 다큐멘터리에서 눈물은 시청자에게 진정성을 느끼게 해준다. '이 시점에서 누가 울어 줘야 하는데'라는 눈빛으로 출연진들을 바라보다, 마침 누가 눈물을 흘리려는 기미를 보이면 서로 달려가 묻는다. "무슨 일이야?", "왜 그런 거야?", "뭐가 그렇게 힘들었어?"라는 물음은 자연스럽게 방송을 감동 코드로 연결해 주기도 한다. 이런 식의 연출로 타인의 감정을 움직일 수도 있겠지만, 있는 그대로의 사실만 전달하며 타인의 감정을 매우 소중하게 생각하는 사람도 있다.

타인의 감정을 중요하게 생각한다는 건 어떤 뜻일까? 예를 들어, 약속에 늦은 사람은 주로 이런 말을 한다.

"제가 너무 늦어서 죄송합니다."

"오랫동안 기다려 주셔서 감사합니다."

두 표현은 완전히 다른 표현이다.

"제가 너무 늦어서 죄송합니다"라는 말의 중심에는 '늦은 나'가 존재한다. 타인보다는 내 감정을 중요하게 생각하는 표현이라고 볼 수 있다. 실제로 우리가 일상에서 자주 쓰는 표현이기도 하다. 약속에 늦은 자신의 행동에 대한 사과라고 볼 수 있다.

하지만 "오랫동안 기다려 주셔서 감사합니다"라는 말은 전혀 다르다. 이 말의 중심에는 누가 있나? 그렇다. 같은 상황에서 나온 비슷한 말이지만 이 말의 중심에는 '늦은 나'가 아닌, '기다린 상대'가 있다. 타인의 감정을 중요하게 생각하는 마음에서 나온 말이다. 이 말을 통해 우리는 늦어서 미안한 마음을 전하며 동시에 자신을 '기다릴 만한 가치가 있는 사람'으로 인식하게 만들 수 있고, 상대 역시도 짜증을 내거나 분노하는 대신 이렇게 생각하게 할 수 있다.

'기다릴 정도로 가치가 있는 사람을 기다렸으니,

시간이 조금 지체가 되었지만 괜찮은 수준이야.'

이렇게 하면 자신을 굳이 낮추지 않으면서도 미안한 마음을 전하는 동시에 상대방의 기분까지도 좋은 상태로 만들 수 있다. 한편 누군가는 연신 고개 숙이며 사과를 하고도 상대의 기분을 풀어 주지 못한다. 상대의 마음을 어루만지는 말은 그 사람의 입장을 먼저 생각하고 이해하는 마음에서 나오기 때문이다.

타인의 감정을 중요하게 생각한다는 건 바로 이런 것이다. 자신만 생각하는 마음에서 나온 말은 관계를 망치게 만들지만, 듣는 상대방을 먼저 생각하는 마음에서 나온 말은 관계를 회복시킨다. 진정으로 상대의 감정을 소중하게 생각하는 사람은 다음 세 단계 과정을 통해 타인의 마음을 받아들이고 감정을 이해한다.

1___ 상대는 '인정의 대상'이라는 사실을 기억한다

한 사람을 이해하기 위해서는 먼저 그가 느끼는 감정을 이해해야 한다. 그러기 위해서는 모든 감정은 분석의 대상이 아닌, '인정의 대상'이라는 사실을 기억해야 한다.

'어떤 이유가 있겠지.'

'많이 속상할 거야. 그러니까 힘들겠지.'

'내가 모르는 사정이 있겠지.'

이렇게 먼저 인정하는 것이다. 내 입장을 설명하거나 상대가 왜 그랬는지 따져 묻는 등 성급하게 개입하기보다 일단 그 사람 자체를 바라보는 것. 지금 그 사람이 머문 풍경을 따뜻한 눈으로 바라보는 것. 그럴 때 보이지 않던 것들이 비로소 보일 수 있다.

2___ 타인의 분노를 가볍게 여기지 않는다

모든 분노에는 나름의 이유가 있다. 하지만 우리는 대개 자신의 분노에만 관대하고, 타인이 느끼는 분노에는 이유가 없다고 생각하거나 쉽게 풀 수 있다고 생각하며 가볍게 여긴다. 분노의 감정을 쏟아 내는 상대방을 향해 '이 사람은 왜 자기 화를 제어하지 못할까?'라고 생각하기보다는, '어떤 이유가 이 사람을 분노하게 만들었을까?'라는 시각으로 접근하자. 그가 느낀 감정을 예상하지 말고, 그가 느낀 감정을 그대로 인정하면 된다.

3___ 함부로 판단하지 않는다

아무리 좋은 책을 많이 읽고 좋은 강연을 들어도 우리가 달라지지 않는 이유가 뭘까? 글을 쓰거나 말한 그 사람을 존중하고 이해하는 마음이 부족하기 때문이다.

'저 사람은 그런 말을 할 자격이 있나?'

'에이, 나보다 직장 경험도 적은데 일에 대해 뭘 안다고 떠드는 거지?'

진심으로 존중하고 헤아리는 마음이 없으면 어떤 위대한 지성이라 해도 우리에게 그 무엇도 전해 줄 수 없다. 다른 사람이 쓴 글이나 말을 함부로 판단하지 말자.

'방법이 보이는데 왜 그렇게 하지 않는 거야?'

'이렇게 쉬운데 왜 못하는 거지?'

이런 생각도 좋은 접근이 아니다. 위에서 언급한 것처럼 그에게 나름의 이유가 있다고 생각할 때, 우리는 상대가 느낀 감정도 이해할 수 있고 그가 전하려는 지식도 배울 수 있다.

타인의 감정을 소중하게 생각하고 마음을 어루만질 줄 아는 사람은 상대를 먼저 이해하려는 사람이다. 그리고 타인의 마음을 받아들이고 감정을 이해한다면 관계의 회복은 자연스레 일어난다.

미안한 상황에서 제대로
사과하는 여섯 가지 방법

세상에 실수하지 않는 사람은 없다. 그건 누구나 사과해야 할 상황에 놓인다는 사실을 의미한다. 중요한 건 실수하지 않는 게 아니라 제대로 사과하는 모습을 보여 주는 것이다. 당신은 자신의 잘못이 분명할 때 어떤 방법으로 사과하는가? 가장 안 좋은 사과는, 자기 사과에 상대의 과거를 끌어들이는 것이다.

"너는 예전에 더 심했잖아!"

"너는 그런 생각 한 적 없냐?"

"혼자 도덕군자인 척하지 마!"

역시 최악이다. 읽는 것만으로도 가슴이 답답해진다. 다음에 제시하는 여섯 가지 방법을 제대로 활용하면 이전과는 다른 방식으로 사과할 수 있을 것이다.

1___ 내 실수만 꺼낸다

사과의 제1원칙은 '내 실수만 논하면 된다는 것'이다. 한참 사과를 하다가, "너는 뭐 잘못 없냐?"라는 말을 꺼내면 앞서 했던 모든 사과와 반성했던 시간이 함께 사라진다. 사과의 이유는 늘 본인에게서 찾아야 한다. '이게 잘못이라면 사과하겠습니다'라는 조건을 설정한 표현도 듣는 사람에게 부정적인 느낌을 준다. '이게 잘못이라면'이라는 표현에는 '잘 알지도 못하면서', '네가 너무 과한 거 아니야?'라는 의미가 녹아 있기 때문이다.

2___ 설명을 늘어뜨리지 않는다

사과는 굳이 길 필요가 없다. "죄송합니다" 혹은 "정말 죄송합니다"라는 짧은 사과면 충분하다. 괜히 "이번에는 제가 죄송합니다"라는 표현이나, "상처를 받으셨다면 죄송합니다"라는 표현으로 상대의 마음을 긁지 마라. '이번에는'과 '상처를 받으셨다면'이라는 표현도 결국 내가 아닌 상대를 자꾸만 상황에 끌어들이는 것에 불과하다. 상대가 원하는 건 설명이 아니다. 설명하려 하지 말고, 실수를 사실대로 표현하는 데 힘을 기울이자. 모든 설명은 변명처럼 들릴 뿐이다. 잘못했으면 자신의 이야기만 하자. 그럼 모든 것이 깨끗하게 해결된다.

3___ 문장을 연결하지 않는다

모든 사과는 "죄송합니다"로 시작해서 "죄송합니다"로 끝나야 깔끔하다. 중간에 '죄송하지만'이라는 표현이 시작되는 순간, 상대는 바로 이렇게 생각한다.

'또 무슨 변명을 하려고 하나?'

'그래, 너도 할 말이 있다는 거지?'

'참 구차하네, 내가 너 그럴 줄 알았지!'

문장과 문장을 어설프게 연결하지 말자. 상대에게 이런 생각을 하게 한 사과는 결코 사과의 기능을 제대로 할 수가 없다. 이런 사과는 오히려 나중에 더 큰 화를 초래한다.

4___ 가정법을 버린다

"당신의 마음이 상했다면 죄송합니다"라는 표현도 매우 부적절하다. 모든 말에는 나름의 느낌이 있다. 듣는 사람은 "나는 절대 잘못한 게 없지만, 네가 그렇게 받아들였다면 미안하다고 말해 줄게" 혹은 "다른 사람은 괜찮던데, 너는 그렇구나. 그럼 미안한 것처럼 연기할게" 정도로 해석된다. 장난스럽게 느껴지고 훈계받는 기분이 들기도 한다. '네가 다른 사람보다 까다로워서 원한다면 할 수 없이 사과한다'라는 의미로 들리기 때문이다. "당신의 마음이 상했다면 죄송합니다"라는 말 대신, "당신의 마음을 상하게 해 드려 죄송합니다"라고 말하는 게 훨씬 낫다.

5___ 무의식적으로 나오는 표현을 삼간다

이를테면 "내가 착각했네, 미안" 등의 말로 잘못을 표현하는 것이다. 심각한 오해를 불러일으키는 표현은 아니지만 그렇다고 제대로 된 사과라고 볼 수는 없다. 듣는 사람에게는 "그건 내가 의도한 건 아니지만 사과하지 뭐!" 혹은 "좀 실수한 건데, 뭘 그렇게 난리야?"라는 의미로 들린다. 무의식적으로 나오는 표현이니 조심하는 게 좋다.

6___ 한 번에 깔끔하게 사과한다

"그렇게 생각해야 네가 편하겠지?"

"그걸 지금 사과라고 하는 거니?"

적절한 사과를 했다고 생각했지만, 상대의 입에서 이런 말이 나왔다면 다시 사과해야 한다. 사과는 한 번에 깔끔하게 끝내지 않으면 갈수록 어려워진다. 횟수가 늘어날수록 더 많이 숙이고 더 많이 표현해야 하기 때문이다. 좋은 방법이 하나 있다. 거울을 분노한 상대라고 생각하고, 준비한 사과를 연습해 보는 것이다. 표정과 말투를 정말 사과하는 것처럼 몇 번 연습해 보면 고쳐야 할 점이 무엇이고 어떤 점이 부족한지 느낌이 올 것이다.

"처음부터 그렇게 사과하면 좋았을 텐데."

사과는 이런 후회를 남기면 안 된다. 사과는 '실수'라는 사막을 무사히 건널 수 있게 도와주는 조력자이지, 나를 망치고 부끄럽게 하는 존재가 아니다. 사과를 하고 싶지 않아서 자신을 지지하는 사람을 믿고 버티는 것도 좋은 선택은 아니다. 나를 지지하는 사람은 늘 곁에 있어서 숫자가 많은 것처럼 느껴지지만, 당신에게 손가락질을 하고 싶어 손이 근질근질한 수많은 사람이 지켜보고 있다는 사실도 언제나 기억하는 게 좋다.

몸에 난 상처도 치유하는
한마디의 힘

캐나다에 살던 지인이 경험한 이야기다. 몹시 추운 캐나다에서의 겨울밤, 그녀는 다음날부터 떠나기로 한 여행에서 간식으로 먹을 떡을 튀기고 있었다. 그런데 그때 기름이 끓어 넘치면서 화로 밖으로 불꽃이 크게 튀어 올랐다. 순간 불이 날까 봐 겁이 난 그녀는, 양손으로 냄비를 들어 싱크대 개수구로 옮겼다. 하지만 그게 모든 불행의 화근이었다. 냄비 안에 있던 떡과 기름이 물과 만나 폭발하면서 얼굴에 화상을 입고 말았다. 얼굴은 불타오르는 것처럼 고통스러웠고, 그녀는 본능적으로 밖에 쌓여 있던 눈덩이를 얼굴에 대고 문질렀다.

아는 언니에게 전화를 걸어 서둘러 응급실에 갔다. 캐나다의 병원 응급실은 보통 몇 시간을 기다려야 하지만 화상의 심각성 때문인지 곧 치료를 받을 수 있었다. 하지만 그녀는 당시 빠르게 치료를 받는다는 사실이 기쁘기보다는, 상태가 정말 심각하다는 증거라는 사실에 불안하고 두려웠다.

'혹시 얼굴에 화상 흉터가 남는 건 아닐까?'

'흉터가 사라지지 않으면 앞으로 난 어떻게 살지?'

며칠 후 다시 병원에 진료를 받으러 갔던 날이었다. 나이 지긋한 할머니 간호사 한 분이 알코올을 적신 솜으로 얼굴을 닦아 주며, "걱정하지 않아도 괜찮아. 앞으로 넌 더 예뻐질 거야"라고 몇 번이나 말해 주었다. 그 포근한 눈빛과, 이불로 덮고 자고 싶을 정도로 폭신한 마음이 얼마나 정성스럽게 느껴지던지, 그 마음이 아직도 그녀의 몸 어딘가에 남아 있을 거라는 생각을 할 정도였다.

그녀는 당시 상황을 추억하며 내게 이런 이야기를 들려주었다.

"지금도 선명하게 기억나요. 할머니 간호사 선생님의 진심이 담긴 말을 들었을 때, 내 마음속의 걱정은 사라졌고 편안한 상태를 유지할 수 있었어요. 덕분에 걱정했던 화상 흉터도 이제 찾아볼 수 없고, 그것 때문에 전전긍긍했던 마음속 불안도 사라지더라고요. 짧은 한마디가 상처를 빨리 치유하게 했을까요? 진심을 담아 말하면 아픈 사람도 구할 수 있겠구나 하는 생각이 들었어요.”

어느 날 나는 코를 심하게 다쳐 골절 사고가 난 적이 있는데, 수술에 들어가기 직전 의사는 내게 이런 이야기를 들려줬다.

“수술을 해서, 부러진 코를 의학적으로는 바로 세워 드립니다. 하지만 시간이 지나면 변형이 올 수 있습니다. 전체적인 인상이 변할 수도 있어, 성형수술을 해야 할 수도 있습니다.”

이런 내 소식을 들은 그녀는 이렇게 말했다.

“의학적으로 반듯하게 세워 주니까, 오히려 성형수술을 한 것처럼 코가 예뻐질 수 있을 거예요. 덕분에 더 멋진 작가님의 모습을 볼 수 있겠네요!”

의사가 언제나 최악의 상황을 말하듯 세상도 그렇다. 세상은 언제나 우리에게 가장 현실적인 말을 들려준다. 하지만 그 냉정한 말에 빠져 살아가면 우리 삶은 매우 피곤해진다. 스스로 상처를 내지 말고, 자신에게든 타인에게든 치유와 위로의 말을 건네주자. 당신이 아무리 힘들고 아파도 좋은 마음은 반드시 모든 상처를 치유한다.

사람의 마음을 위로하는
말의 비밀

누군가 힘들고 아프고 슬픈 이야기를 나에게 털어놓을 때, 어떻게 반응하면 좋을까? 사실 대단한 기술이 있어야만 누군가를 위로할 수 있는 건 아니다. 상대는 그저 자기 이야기를 전하는 것만으로도 스스로를 치유하기 때문이다. 듣는 사람은 간단한 반응만 제때 해주어도 말하는 이에게 큰 위로가 될 수 있다. 그런데 그게 참 어렵다. 그 간단하고 짧은 한마디를 우리는 왜 제대로 하지 못하는 걸까?

장면 1.

저녁 9시, 한 식당의 마감 시간. 부모님의 건강과 병원비 걱정으로 고민이 많은 주인이 계산대 앞에서 한숨을 쉬고 있었다. 그를 본 한 단골손님은 "무슨 일이라도 있으세요?"라며 말을 붙였고, 주인은 자기 고민을 편안하게 털어놓았다. 주인의 이야기를 한참 듣던 손님이 문득 시계를 보더니 "너무 늦어서 이제 가봐야겠습니다"라고 말하며 일어섰는데, 주인에게 내뱉은 그의 다음 말은 이러했다.

"그럼, 고생하세요."

느낌이 어떤가? 물론 손님은 격려의 차원에서 '고생하시라'라고 표현했을 것이다. 하지만 '고생'이라는 말은 어감이 그리 긍정적이지 않다. 게다가 어려운 마음을 얘기했는데 돌아온 대답이 기껏 고생하라는 말이라면, 어딘지 차갑게 선을 긋는 느낌마저 드는 것 같다. 그 손님은 '이건 나와 크게 상관없는 사람의 이야기일 뿐이야'라고 생각했거나, 그 사람의 마음을 이해하려고 하기보다는 '상대의 이야기를 들어주는 나'에 더 집중했을지도 모른다.

장면 2.

구직에 어려움을 겪던 한 20대 남성이 옆에 있던 친구와 치고받으며 크게 다투는 일이 일어났다. 모든 불행은 상대가 내뱉은 한마디에서 시작했다. 그날 남성은 구직의 어려움을 토로하며 부모님과 통화하고 있었는데, 전화가 끝나자 그의 옆에 있던 친구가 답답한 얼굴로 이렇게 외쳤다.

"그렇게 징징거리지 말고 차라리 고향으로 돌아가는 건 어때?"

그 한마디에 크게 상처를 받은 남성은 친구와 주먹다짐을 하며 싸웠고 결국 둘의 관계는 그날 이후로 돌이킬 수 없을 만큼 틀어져 버렸다. 친했던 두 사람은 왜 그렇게 되었을까?

마음을 위로하는 말하기의 기본 원칙은 상대의 가치를 존중하고 이해하는 마음에서 시작한다.

'어떻게 상대의 가치를 발견할 수 있을까?'

'발견한 가치를 어떻게 제대로 전달할 수 있을까?'

'전달한 가치를 그의 삶에 연결하려면 어떻게 해야 할까?'

이런 생각의 과정을 거친다면, 힘들어하는 사람에게 그렇게 이야기하지 않았을 것이다. 그 친구는 '정말 힘든 것 같지도 않은데 왜 이렇게 약한 소리를 하는 거지?', '남들도 다 그 정도의 어려움은 겪어', '스스로 준비가 부족해서 구직이 어려운 거 아니야?'라고 생각했을지 모른다. 상대의 힘든 상황을 깎아내리지 않고 진정으로 이해하는 마음, 그리고 상대의 가치를 존중하는 마음으로 말했다면 어땠을까?

"그렇게 살지 말고 차라리 고향으로 돌아가라"라는 말 대신, "너에게는 아직 찾지 못한 가능성이 있어"라는 말을 해주었다면? 실패한 사람에게 필요한 말은 "이제는 포기하는 게 어때?"가 아니다. "잘했어, 오늘은 좀 쉬자. 정말 열심히 달려왔으니까"라는 따뜻한 말 한마디면 충분하다.

장면 3.

"이제 시작입니다. 떨리지만 많은 준비를 했으니 걱정하지 않습니다. 많이 사랑해 주세요."

살면서 처음으로 창업을 한 어느 중년 남성이 온라인 게시물을 올렸다. 평소 그를 알던 사람들은 댓글을 달았는데, 누군가는 "응원합니다"라는 글을, 또 누군가는 "힘내세요"라는 글을 썼다. 창업을 했다는 말에 "힘내세요"라는 말은 조금 이상하지 않는가?

그런데 많은 사람이 반사적으로 그런 표현으로 격려를 시도한다. 누군가 시험공부를 시작했다고 말해도 "힘내세요", 이직을 준비할 예정이라고 말해도 "힘내세요"라고 한다. "힘내세요"라는 말은 상대가 지금 힘이 없어 보인다는 뜻이다. 다시 말해, 일이 잘되지 않고 있다는 것을 의미한다. 이렇게 말하는 사람들은 듣는 상대의 입장을 이해하기보다는 단순히 '무슨 말이라도 해줘야 하는' 자기 입장을 더 생각한다. 혹은 '창업을 했다고? 그것 참 성공하기 쉽지 않은데', '그 시험 정말 어렵다고 들었는데,

네가 과연 합격할 수 있을까?', '요즘 같은 시기에 이직을 준비한다고? 그냥 가만히 있는 게 좋을 것 같은데'라고 속으로 생각했을 것이다. 그런 마음으로 "힘내세요"라는 말을 건넸을 때, 상대는 자신을 무시한다고 느낄 수 있다. 사소한 표현이 그날의 좋은 기분을 망치기도 한다. 정말 상대를 응원하는 마음이라면 "멋진 선택입니다. 당신에게서 열정을 배웁니다"라는 긍정과 희망의 말을 전하는 게 어떨까?

사람의 마음을 위로하는 한마디는 그 사람을 아끼고 사랑하고 이해하는 마음에서 나온다. 조금 더 생각하고, 그걸로 부족하다면 한 번 더 생각하라. 세상이 말하는 정답이 아닌, 그 사람 마음에 맞는 말이 나올 때까지.

나의 위로가 당신에게
상처 되지 않도록,
나의 사랑이 당신에게
미움 되지 않도록.

마음을 어루만지는 말은
한 사람의 삶을 바꾼다

2017년쯤, 나는 SNS에 다음 이야기를 소개한 적이 있는데, 사람들의 사랑을 받아 여기저기에 수없이 공유되었다. 덕분에 해당 이야기는 지금 소개하는 '이 사람'을 대표하는 에피소드가 될 정도로 알려졌다. 나는 이 사실을 보며 다시금 깨달았다.

"말은 정말 사람의 인생까지 바꿀 수 있구나."

지금 소개하는 인물의 아버지는 6.25 전쟁에서 한쪽 눈을 잃고 팔다리를 다친 장애 2급 국가 유공자였다. 아버지는 그에게 반갑지 않은 이름이었다. '병신의 아들'이라 놀리는 친구들 때문이었다. 게다가 유년 시절의 가난은 그림자처럼 그를 둘러 쌌다. 아버지는 아들에게 미안한 마음을 표현하고 싶을 때마다 술의 힘을 빌려 말했다.

"아들아, 미안하다."

명의로 알려진 이국종 교수의 이야기다. 그는 한 인터뷰에서 이렇게 말했다.

"중학교 때 축농증을 심하게 앓은 적이 있습니다. 치료를 받으려고 병원을 찾았는데, 국가 유공자 의료 복지 카드를 내밀자 간호사들의 반응이 싸늘했습니다. 다른 병원에 가보라는 말을 들었고 몇몇 병원을 돌았지만 문전박대를 당했습니다. 이런 일들을 겪으며 이 사회가 장애인과 그 가족들에게 얼마나 냉랭하고 비정한 곳인지 잘 알게 되었습니다."

그는 자신을 받아 줄 다른 병원을 찾던 중 한 외과 의사를 만났다. 그는 어린 이국종이 내민 의료 복지 카드를 보고는 따스한 음성으로 이렇게 말했다.

"아버지가 자랑스럽겠구나."

그는 진료비도 받지 않고 어린 이국종을 정성껏 치료했고 마음을 담아 이렇게 격려했다.

"열심히 공부해서 꼭 훌륭한 사람이 되어라."

그 한마디가 어린 이국종의 삶을 결정했다. 그만의 삶의 원칙도 바로 그때 탄생했다.

"환자는 돈 낸 만큼이 아니라, 아픈 만큼 치료받아야 한다."

국가 유공자 의료 복지 카드를 자랑스러운 아버지의 흔적으로 만들어 준 외과 의사의 따뜻한 마음과 근사한 한마디는 한 사람의 인생을 바꾸었을 뿐만 아니라, 세상을 아름답게 만들었다. 만일 그 외과 의사가 '어린애가 돈도 없으면서 병원에 치료를 받으러 왔단 말이야?', '우리 병원에 큰 도움이 안 될 것 같은 환자를 지금 꼭 받아 줘야 해?', '별로 아파 보이지도 않는데. 사람도 많고 바빠 죽겠는데 굳이 내가 치료해야 해?'라고 생각했다면, 그는 결코 "아버지가 자랑스럽겠구나"라는 말을 어린아이에게 해주지 못했을 것이다.

그는 단지 한마디를 건넸을 뿐이었지만, 누군가는 삶이 달라졌다. 그리고 그 누군가는 또 다른 누군가의 삶을 바꾸고 있다. 딴 세상의 이야기가 아니다. 이건 바로 당신의 이야기다.

"네 꿈 참 근사하다."

"나는 당신이 자랑스러워요."

기억하라. 사랑하는 내 아이에게, 부모님께, 배우자에게, 소중한 친구에게, 함께 일하는 동료에게, 당신과 같은 꿈을 안고 살아가는 주변의 사람들에게, 소외된 이웃에게, 그들의 마음을 어루만지는 이와 같은 진심 어린 당신의 한마디는 결코 작지 않음을. 그렇게 마음에는 따로 크기가 없다. 하나하나 그 자체로 이미 소중하니까.

다투지 않고 좋은 관계를
유지하는 대화법

다양한 관계를 맺어 가다 보면 조금씩 경험이 쌓인다. 사람을 보는 안목도 생기고, 하루를 대하는 태도도 점차 달라지고, 세상을 바라보는 근사한 시선도 생겨난다. 하지만 가끔은 난감한 상황이 생기기도 하는데, '내가 무슨 말을 해도 반박할 것 같은 사람'을 만났을 때다. 유난히 나한테만 자기 의견을 고집하는 사람, 그러다가 말다툼으로 이어질 게 뻔한 상황 앞에서 우리는 어떻게 다투지 않고 좋은 관계를 유지하면서 원활하게 대화를 나눌 수 있을까?

"그 사람을 먼저 이해해야 한다."

"이해하려는 마음으로 다가가라."

앞서 했던 많은 조언들이 비장한 전투태세를 갖춘 사람 앞에서는 쉽게 무용지물이 되고 만다. 그런데 사실 매일 부대끼며 사는 가족 마음도 제대로 모르는 게 현실이라, 몇 번 만나지도 못한 사람의 마음을 이해하라는 말은 누군가에게는 어쩌면 공허하게 들릴 수도 있다. 조금 더 현실적인 방법을 이야기하자면 바로 이것이다.

'최대한 돌아가는 것.'

상대의 감정을 향해 직선으로 달려가는 행위는 오히려 그의 몸을 움츠러들게 할 수 있다. 그가 유독 나에게만 거리를 두거나 내 말에 반박을 하는 이유는 그 사람이 나보다 강자이어서가 아니라, 더는 물러설 곳이 없기 때문이다. 나와의 관계에서 그 사람의 설 자리를 더욱 넓게 만들어 줘야 한다. "그렇게 말하는 네 마음 안다"라는 식의 서툰 이해와 위로 대신, 그가 나와의 관계를 힘들어하는 이유를 스스로 말할 때까지 기다림이 필요하다.

물론 '그렇게까지 관계를 유지해야 해?', '그런 사람과는 그냥 '손절'하면 안 되나?'라고 생각한다면 할 말이 없다. 하지만 모든 관계는 꼭 끊는 것만이 능사가 아니다. 관계는 끊어 낼 수도 있지만 지켜 낼 수도 있다.

다투거나 그 상황에서 도망치지 않고 만족스러운 관계를 유지하고 싶다면 적극적으로 다가가는 것보다 최대한 돌아가는 게 도움이 될 때가 있다. 예를 들어 사업이 잘되지 않는 사람과 이야기를 나눌 때는 "요즘 사업하는 사람들이 다들 어렵지. 네 마음 이해해"라고 하기보다는, 사업에 관한 이야기를 처음부터 꺼내지 않고 다른 주제로 대화를 시작하는 것이다.

"난 몸이 안 아픈 곳이 없어서 운동을 시작했어. 넌 어때?"

"주말에 좋아하는 저자의 강연회가 있어서 한번 가 보려고 하는데, 넌 요즘 쉬는 날에 뭐해?"

이런 식으로 대화를 이끌다 보면 내가 굳이 이야기를 꺼내지 않더라도 상대는 자기 사업을 생각하며 나에게 힘든 일을 털어놓을 수 있다. 그가 만약 "사실…"이라는 말로 자기 이야기를 꺼낸다면, 그건 상대가 '마음의 문을 열었다'라는 신호이며 그럴 때 더 속 깊은 이야기를 할 수 있다.

모든 대화에는 적절한 타이밍이 있다. 상대의 상황과 감정을 제대로 파악하지 않고 섣부른 이해심을 발휘하거나 본론부터 꺼내면 상대는 마음이 불편해진다. 사람의 마음을 편안하게 해주는 대화를 한다는 건 매우 어려운 일이다. 하지만 상대를 이해하는 마음을 가지는 것에 앞서 그 상황과 감정을 살피며 천천히 돌아간다면 결국 상대는 마음의 문을 열 것이다. 천천히 다가가려는 진실한 마음보다 강력한 힘은 없다. 그 힘을 믿는 순간, 모든 대화는 아름다운 꽃이 된다.

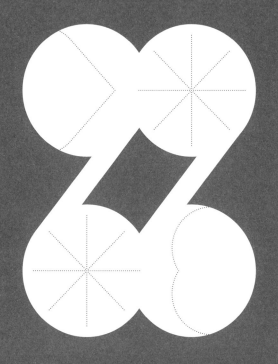

5장

〈 긍정 〉

매사가 잘 풀리는 말은
존중하는 마음에서 나옵니다

항상 잘 풀리는 사람들의
세 가지 특징

나는 '사색하우스'라는 공간을 마련해 그곳에서 사색하고 글을 쓰며 시간을 보내곤 한다. 하루는 그곳에 지인 두 명을 함께 초청했다. 둘 중 한 사람이 주변을 둘러보더니 뭔가 만족스럽지 않다는 표정으로 "서울에서 너무 멀어. 자주 오지 못하겠네"라고 말했다. 그리고 다른 한 사람은 주변 풍경을 환하게 바라보더니 "서울에 있는 집과 적당한 거리에 있어 주말마다 찾아와 사색하기 딱 좋겠다"라고 말했다. 분명 같은 공간에 있었는데, 두 사람은 왜 다른 이야기를 했던 걸까?

2018년에는 내 책을 전시하는 '김종원 갤러리'라는 작은 가게를 운영한 적이 있었다. 내가 가게를 운영한다는 소식을 전하자, 앞서 소개한 두 지인은 이번에도 서로 다른 반응을 보였다.

한 사람은 "와, 작은 서점에 딱 맞는 위치와 규모구나. 앞으로가 기대된다"라는 말을, 또 한 사람은 "주변에 대형 서점이 있으면 운영이 쉽지 않은데. 게다가 아르바이트도 있어야 하지? 요즘 시급이 너무 높아서 걱정이다"라고 말했다.

하나 흥미로운 사실은, 부정적으로 상황을 판단한 사람은 살면서 한 번도 제대로 된 성취의 경험을 한 적이 없었던 반면, 긍정적인 의미를 부여한 사람은 지금껏 뭐든 시작하면 높은 성취를 했다는 점이다. 어떤 사람은 잘 모르는 분야의 일이라도 시작만 하면 일사천리로 풀어 가는 사람이 있고, 반대로 평생 그 일만 하고 살아도 제대로 해내지 못하는 사람도 있다. 나는 그들이 자주 쓰는 말에서 둘의 차이를 찾았다. 무엇을 시작해도 잘 풀리는 사람은 마음도 다르고 말도 다르다. 다음은 매사가 잘 풀리는 사람들의 세 가지 특징이다.

1__ 가치를 높게 잡는다

같은 집을 보여줘도 3억으로 보인다고 말하는 사람이 있고, 5억으로 보인다고 말하는 사람이 있다. 세상이 정해 놓은 가치와 비슷한 수준으로 말하는 사람이 사물의 가치를 제대로 평가한 거라고 생각할 수도 있다. 하지만 대화에서는 조금 다르다. 잘 풀리는 인생을 살고 싶다면, 세상이 말하는 가치로 값을 정하는 기계적인 관점에서 벗어나야 한다. 물건이든 사람이든 그 가치를 높게 잡을 수 있다는 건 그만큼 상대에게 관심이 있다는 뜻이고, 그 안에 숨어 있는 가능성을 발견했다는 증거라고 볼 수 있다. 관심을 가지고 상대의 가능성을 발견하는 사람과의 대화를 마다하는 사람은 없다. 주변에 있는 모든 일들에 새롭게 가치를 부여하는 연습을 하라.

2___ '부러우면 이기는 거다'라는 마인드셋으로 살아간다

'부러우면 지는 거다'라는 말이 있다. 나는 이 말이 삶에 매우 좋지 않은 영향을 끼치는 표현이라고 생각한다. 이 표현에 익숙해지면, 타인의 성공을 비아냥거리게 되고 문제를 해결할 방법보다는 시도할 수 없는 핑계만 찾게 되기 때문이다.

반대로 생각해야 한다. 오히려 마음껏 부러워해라. 그러다 보면, 상대가 무엇인가를 성취하기 위해 쏟은 노력과 전략이 보이고 그 시간을 존중하는 마음이 생겨난다. '사색하우스'와 '김종원 갤러리'를 본 두 사람의 표현에서 우리는 이미 그것을 충분히 경험했다. 굳이 두 사람의 인생을 보여 주지 않아도, 같은 것을 보면서도 무엇을 느꼈는지를 알게 되면 앞으로 이어질 삶의 경로를 쉽게 짐작할 수 있다.

3___ 아끼는 만큼 존중한다

매우 짜증 나는 표현이 하나 있다. "내가 너를 아껴서 하는 소리인데…", "가족처럼 아껴서 그러는 거야", "자식 같아서 말하는 건데…" 이런 식의 말이다. 되도록 쓰지 말아야 할 말이다. 진정으로 상대를 아낀다면 말로만 그러지 말고, 얼마나 아끼는지 그 근거를 실제로 보여줘야 한다. 그게 행동으로 연결되지 않으면, 그 뒤에 나오는 모든 말은 참견으로 느껴질 뿐이다. 상대가 원하는 것은 참견이 아니라 따뜻한 마음과 눈길이다. 아끼는 만큼 그 사람의 노력과 삶의 방식을 존중해 주는 마음이 필요하다. 그것이 바로 정말 상대를 아끼는 방법이다.

잘 풀리는 인생을 산다는 것은 무엇을 말하는 걸까? 주변에 생각만 해도 행복해지는 좋은 사람이 많고, 서로 뜨거운 응원을 주고받으며 사는 것이 아닐까? 상대를 존중하는 마음으로 말을 건네라. 그러다 보면 당신의 삶도 존중받을 수 있고, 매사가 잘 풀리는 말을 자연스럽게 할 수 있다.

다른 사람이 살아온
시간을 존중하는 것은
그 사람의 가치를 발견하고
그 사람을 진실로
사랑하는 일이다.

작은 일에서도 배우고 성장하려는 마음

"분명 같은 책을 읽고 같은 교육을 받고 같은 강연을 들었는데, 누구는 달라졌고 나는 왜 그대로일까?"

많은 사람이 공감할 것이다. 변화는 어떤 사람에게 일어나는가? 바로 사소한 일에서도 배우고자 하는 사람, 성장하고자 하는 마음이 있는 사람, 앞으로 나아가고자 하는 의지가 있는 사람에게 일어난다.

"나는 왜 안 될까?"

"왜 그 사람만 잘나가는 거지?"

"내게 부족한 게 뭘까?"

스스로 그런 질문을 던지는 사람들이 있다. 참 신기하게도 잘 배우지 못하는 사람들은 아무리 많은 책을 읽고 강의를 듣고 스스로 질문해 보아도 삶에서 전혀 전진하지 못한다. 잘 배우려고 하지 않는 사람들이 자주 쓰는 표현이 있는데, 바로 이것이다.

"인정한다!"

'인정한다'라는 말은 상대를 그리 기분 좋게 만드는 단어는 아니다. '인정'이라는 것이 동등한 관계에서 일어나는 게 아니기 때문이다. 아들이 아버지에게 "당신을 인정한다"라고 말하면 뭔가 어색하다. 신입사원이 회사 대표에게 "당신을 인정한다"라고 하는 것도 이상하다. 이런 사례와 비슷한 표현은 얼마든지 많다. 혹시 배움과 성장을 가로막는 교만한 단어를 말하고 있지는 않은가? 만약 당신이 성장을 고민하고 있다면, 성장하지 못하는 사람들이 자주 사용하는 다음 표현을 읽어 보며 일상을 돌아보라.

1___ "네 잘못은 정말 없어?"

어떤 일이 생겼을 때, 뭘 해도 잘되지 않는 사람들이 자주 사용하는 표현이다. 그들은 자신에게 일어나는 좋지 않은 일들에 대한 책임을 주변 사람에게 돌린다. 책임을 지지 않는 자세가 나쁜 이유는, 그런 자세로는 어떤 일에서도 가치 있는 걸 배울 수 없기 때문이다. 실패가 성장의 밑거름이 되지 않는 이유도 책임을 지지 않았기 때문이다. 사소한 일이라도 내가 책임질 때 우리는 무언가를 배울 수 있다.

2___ "내가 그런 거 싫어하는 거 알지?"

뭘 해도 좋은 게 별로 없다. 맛집에 가면 주차가 힘들어서 싫다고 하고, 주차가 수월한 보통의 식당에 가면 맛이 없다고 불평한다. 안 좋은 점만 찾아 불평하려고 작정한 사람처럼 산다. 불평 그 자체는 나쁜 게 아니다. 문제는 '좋은 게 없다'라는 점이다. 나쁜 점은 누구든 쉽게 찾는다. 악취를 풍기는 것들은 대개 드러나 있기 때문이다. 중요한 건 좋은 것을 발견하는 안목이다. 좋은 것을 발견하기 위해서는 깊은 생각과 치열하게 관찰한 시간이 필요하다. 그래서 세상의 모든 좋은 것들은 그것을 찾으려는 사람에게 근사한 선물을 준다. 좋은 것을 찾으려고 노력한다면 뭘 해도 잘되는 사람의 삶을 살아간다.

3___ "그건 좀 별로인 것 같은데, 왜 그런지는 모르겠네."

책임을 회피하면서, 마찬가지로 부정적인 표현이다. 음식을 먹는다고 하면, "건강에는 좋은 것 같은데, 맛이 없네. 내가 잘 몰라서 그런가? 대중적이지 않네"라는 식이다. '나는 착하다', '나는 대중적이다'라는 전제로 말을 시작해 놓고 "내가 잘 몰라서 그런가?"라고 하며 빠져나갈 구멍을 만든다. "이게 팩트지!"라는 표현을 사용하며 부정적인 평가에 힘을 싣고, 그게 대중적인 시선과 관점이라고 주장한다.

배운 만큼, 아니 그 이상 성장하는 사람이 되고 싶다면 이런 표현들을 쓰지 말고 반대로 생각하고 말하면 된다. 관점을 아예 바꾸는 것이다. '그래, 너 인정한다'라는 마음을 버리고 "또 하나 배웠습니다"라고 말하며 상대를 존중하면, 이후에 나오는 모든 말까지 이렇게 바꿀 수 있다.

"제 잘못입니다. 반성합니다."

"아, 이거 참 좋습니다."

"모르는 부분은 제가 더 공부하겠습니다."

이런 방식으로 생각하고 말하면 배우고 들은 모든 것이 성장의 거름이 된다. 지식과 정보는 단지 그것만으로 빛나지 못한다. 그것을 보고 듣고 이해하는 사람이 어떻게 사용하느냐에 따라 빛이 날 수 있다.

"우리는 모두 스스로 빛날 수 있다.
빛은 오직 지식을 대하는 우리의 자세가 결정한다."

상대를 존중하는 마음은
삶의 방향도 바꾸게 한다

한때 우리 집에 자주 방문하던 택배 기사가 있었다. 그의 아버지는 사업 실패로 모든 재산이 사라진 뒤 알코올 중독자가 되었다. 그 충격으로 그의 어머니는 정신 병원에 들어가셨다. 너무나 막대한 빚이 그의 삶을 짓눌러, 일을 해도 해도 도무지 희망이 보이지 않았다고 한다. 사실 이런 이야기는 주변에서 어렵지 않게 들을 수 있다. 평범하게 사는 것조차 정말 힘든 세상이지 않은가.

나는 그가 택배를 배송하는 모습에서 보통 사람과 조금 다른 태도를 발견했다. 바로 '남다른 정성'이었다. 어떤 물건이든 자기 물건처럼 소중히 여겼고, 단 한 번도 대충 문 앞에 두고 간 적이 없었다. 벨을 누르거나 전화를 해서 꼭 밝은 목소리로 배송이 왔다는 소식을 전했다. 이런 일을 꼬박꼬박 한다는 게 말은 쉽지만, 사실 시간에 쫓기다 보면 현실적으로 어렵다.

하루는 그의 표정을 봤는데, 어쩐 일인지 평소보다 더 심각하게 우울한 느낌이 들었다. 나는 걱정되는 마음에 미리 사인해서 준비한 내 책 두 권을 택배 기사에게 선물로 건네주었다. 그는 고맙다고 말했다.

얼마 후부터 그는 더 이상 우리 집에 택배를 배송하러 오지 않았다. '무슨 일이지?' 그를 걱정하고 있은 지 며칠이 지난 어느 날, 그는 한 통의 편지로 자신의 현재 상황을 들려주었다. 편지에는 이렇게 적혀 있었다.

"당장 택배 일을 하며 돈을 버는 것도 중요하지만, 정말 원하는 일을 하기 위해 잠시 저만을 위한 시간을 갖기로 했습니다."

그리고 마지막에는 이렇게 적었다.

"작가님의 책도 좋았지만, 사실 저에게 힘을 준 건 작가님이 사인과 함께 써 준, '당신의 열정적인 모습이 참 멋져요'라는 글이었습니다. 그 순간 저는 '모든 것을 다 잃은 나도 열정적일 수 있구나'라는 생각이 들었습니다. 정말 감사합니다."

그는 삶을 포기하려다 듣게 된 내 뜻밖의 말에 다시 살아갈 용기를 가지기로 했다고 한다.

돌아보면 내가 작가로서 글을 쓰는 이유는 나 자신을 위해

서가 아니라, 아파하고 힘들어하는 사람들의 꿈을 응원하고 이
토록 뜨겁게 살아 있는 순간을 축하하기 위해서였다. 택배 기사
는 자신의 일에 최선을 다하고 집집마다 방문하며 고객을 존중
했다. 나도 무심코 스쳐 지나갈 수 있는 타인에 관심을 가지고
그의 삶을 존중했다. 상대를 존중하는 마음이 누군가의 삶을 또
다른 방향으로 흘러가게 만들었다는 사실에 그날 온종일 기쁘
고 감사했다.

혹시 "누군가를 존중하는 마음을 보여 줄 기회가 없어요"라
고 말하는 사람이 있다면 생각을 바꿔 보길 바란다. 생각을 바꾸
면 주변의 모든 것이 기회가 된다.

내 곁의 수많은 사람이 기회다.
조금만 손을 뻗으면
나를 스쳐 지나가는
모든 사람을
기회로 만들 수 있다.
기회는 공기와 같다.
늘 우리와 함께 살며
숨을 쉬고 있으니,
그저 발견하라.

어떻게 원하는 것을
얻을 수 있을까?

한 아파트 15층에 뛰는 걸 좋아하는 아이가 살고 있었다. 하루는 14층에 사는 중년 남성이 찾아왔다. 여러분이 예상한 것처럼 끔찍한 층간 소음 문제다. 15층에 사는 아이의 어머니는 긴장했다. '저 남자가 막 쏘아붙이면 어쩌지?'라는 생각에, 현명하게 대응할 온갖 방법을 생각하며 굳은 표정으로 문을 열었다. 그런데 중년 남자의 표정은 예상과 달리 성난 상태가 아니었다. 오히려 햇살처럼 온화했고, 게다가 미소를 지으며 이렇게 말했다.

"저희 딸이 지금 고2입니다. 딸아이에게는 꿈이 있습니다. 원하는 대학에 가서 열심히 공부하고 하고 싶은 일을 하는 거죠. 저는 사랑하는 딸아이의 꿈을 꼭 이루어 주고 싶습니다. 제 마음을 조금만 알아주시면 감사하겠습니다."

예상치 못했던 말에 아이의 어머니는 당황했다. 그리고 마음이 따뜻해졌다. 남자의 입에서는 부정적인 말이 하나도 나오지 않았다. '시끄럽다', '소음', '조용히' 같은 표현이 전혀 없었음에도 그녀는 어느 때보다 미안했고 마음이 아프기까지 했다.

"정말 죄송합니다"라는 말을 하며 돌아선 그녀는 바로 아이에게 주의를 줬지만, 소음은 쉽게 사라지지 않았다. 매일 아무리 말해도 거실에서 뛰는 아이의 습관은 하루아침에 바뀌지 않았다. 그래서 그녀는 쉽게 할 수 없는 놀라운 결정을 했다. 방법이 없다고 생각했던 그녀가 손해를 보면서도 같은 아파트 1층으로 이사를 간 것이다.

나는 그녀의 이야기를 듣고 머리가 멍해졌다. 이것이 정말 층간 소음으로 다투고 마음이 상하는 것은 물론 생명까지 위협 당하는 세상에서 실제로 일어난 일이 맞는가? 딸의 꿈을 말하며 정중하게 부탁하는 아버지의 마음 깊은 곳에는 먼저 이웃을 생각하는 따뜻한 마음이 있었을 것이다. 버럭 화내고 짜증 내거나 요구부터 하지 않고 이웃을 소중하게 생각하는 마음. 덕분에 그는 15층 아이의 어머니와 다투지도 않았고 따뜻한 배려도 얻어낼 수 있었다.

사람들은 대개 원하는 것을 바로 얻어 내기 위해 자신이 원하는 바로 그것에만 집중한다. 하지만 정말 원하는 것을 얻기 위해서는 상대를 배려하고 존중하는 마음을 먼저 가져야 한다. "우리 딸이 지금 수험생인데 말이야!", "시끄러워서 우리 애가 공부를 못 하고 있잖아요!", "애가 그렇게 쿵쿵거리게 내버려 두면 어떡해요? 자식 교육을 대체 어떻게 하는 거예요?"라는 식으로 이야기했다면, 두 사람은 서로 다투고 마음도 상했겠지만 남자가 정말 원했던 문제의 해결은 쉽게 일어나지 않았을 것이다.

> "세상에 해결할 수 없는 문제는 없다.
> 마음은 배려한 만큼 넓어지고,
> 사랑한 만큼 아름다워진다.
> 배려와 사랑이 그 사람이 가진
> 마음의 크기와 온기를 결정한다."

상대를 존중하는
열 가지 말하기의 태도

'무덤까지 가져가기로 한 비밀을 털어놓는 것은 자기 무덤을 파는 일이다'라는 말이 있다. 무언가를 말한다는 건 결국 나라는 사람이 머물 장소를 스스로 선택하는 행위라고 볼 수 있다. 좋은 말은 좋은 장소를, 불행한 말은 불행한 장소를 부른다. 그래서 상대를 존중하는 말하기는 상대 역시 나를 존중하는 말로 되돌아온다.

어떻게 상대를 존중하는 말하기를 할 수 있을까? 다음 열 가지 방법으로 존중하는 말하기의 태도를 가져 보라.

1___ 따지는 버릇을 버린다

듣기만 해도 짜증이 나는 '따지는 말'로는 아무것도 얻을 수 없다. 따지는 표현은 그 말을 내뱉은 사람의 입에 악취만 남긴다. 따지고 싶은 마음이 들면 차라리 잠시 그 자리를 떠나는 게 현명한 선택이다.

2___ '내 입장이 되어 보라'고 말하지 않는다

대화 상대를 존중하지 않는 사람들은 "네가 내 입장이 되면 알게 될 거야!"라는 말을 자주 사용한다. 하지만 그 '입장'이라는 게 정말로 알기 어려운 것이다. 자기도 자기 입장이란 게 뭔지 잘 모르는 사람이 많은데, 어떻게 상대가 내 입장을 쉽게 이해할 수 있을까? 남이 하기 힘든 건 언제나 내가 먼저 하는 게 좋다. 상대편은 내가 아니므로 나처럼 되라고 말하지 말라.

3___ 쓸데없는 말은 바로 끊는다

마음이 조급하다고 나오는 대로 말하는 사람이 있다. 뭔가 잘못된 방향으로 대화가 이어지고 있다는 생각이 들면, 당황해서 쓸데없는 말을 남발하지 말고 곧바로 멈춰라. 적당할 때 말을 끊으면 다 잃지는 않는다. 지금까지 잘못 말한 게 있다면 바로 인정하고 경청하라. 시간은 걸리겠지만 곧 잃은 것을 되찾게 될 것이다.

4___ 상대의 변화를 인지한다

대화는 관찰의 예술이다. 상대를 보며 적절한 말을 던지는 것이기 때문이다. 이때 상대를 관찰하는 이유는 조금 더 상대의 마음을 이해하기 위한 것이라는 사실을 기억하자. 상대의 사소한 변화를 알아보고 제대로 표현하는 연습을 하면, 생각하지 못했던 귀한 것을 얻을 수 있다.

5___ 알아듣기 쉽게 말한다

어려운 말과 글은 상대의 마음에 도착하기 전에 스스로 지쳐서 중간에 돌아온다. 글은 쉽게 써야 한다. 말도 쉽게 해야 한다. 하는 사람이 편하게 하는 게 아니라 듣는 사람이 이해하기 쉽게 말하는 게 좋다. 말하기 전에 일단 '내가 듣는 사람이라면 어떻게 느껴질까?'라는 상상을 하며 충분히 연습하는 시간을 갖는 게 좋다.

6___ 마음을 담아 말한다

마음을 담아 말하는 게 무엇을 말하는 것인지 생각한 적이 있는가? 많은 사람이 입이나 머리로만 말하는데, 그럴 때 늘 이 조언을 기억하는 게 좋다.

"입으로 말하면 사기꾼을 얻고, 머리로 말하면 참견꾼을 얻고, 가슴으로 말하면 사랑하는 사람을 얻는다."

사랑하는 마음을 입에 담아 보자.

7___ 행복한 기억을 남기는 말을 한다

"그 사람이 한 말만 생각하면 분노가 치밀어 올라!" 당신이 한 말이 누군가에게 이런 생각이 들게 만든다면 그건 그가 아닌 당신의 손해다. 말은 결국 다시 돌아온다. 당신을 떠올렸을 때 좋은 생각이 드는 말을 자주 하는 게 좋다. 나쁜 기억으로 계속 생각나는 사람이 되지 말자.

8___ 상황에 맞는 말인지 한 번 더 점검한다

"예전에는 무엇을 하셨나요?" 처음 만나는 사람에게 자주 묻는 말이다. 하지만 과거는 물을 필요가 없다. 그의 과거가 화려하다면 스스로 말할 것이고, 그렇지 않다면 입을 다물 것이다. 질문을 하기 전에 '이 질문이 지금 상황에 적절한가?'를 세심하게 생각해 보는 게 좋다. 상황에 맞지 않는 말은 애매한 상황만 불러올 뿐이다.

9___ 상대를 칭찬한다

칭찬의 힘은 백 번을 말해도 모자라다. 좋은 사람의 지적은 듣기 싫은 소음이고, 싫은 사람의 칭찬은 듣기 좋은 멜로디다.

10___ 오랫동안 경청한다

정성껏 들으면 상대가 전하는 마음의 소리가 들린다. 잘 듣는 것만으로 내 인생이 바뀌기도 한다. 어떤 말로도 돌아서지 않는 사람의 마음을 바꾸고 싶다면 말하지 말고 오랫동안 들어라. 경청은 분노의 무게도 가벼워지게 한다. 경청은 모든 상황을 바꾼다.

상대를 존중하는 열 가지 말하기의 태도로 살아가면 당신의 삶은 달라진다. 매사가 잘 풀리고 원하는 것을 원하는 때에 얻을 수 있으며 삶의 방향도 바뀐다.

기억하자.

"말은 밸런스의 예술이다.
쓴소리에는 설탕이 필요하고,
달콤한 소리에는 소금이 필요하다."

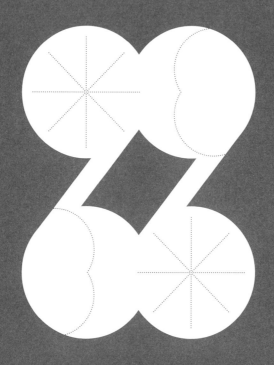

6장

〈 공감 〉

마음을 움직이는 말은
섬세한 마음에서 나옵니다

마음을 얻는 말하기는
작은 관심에서 시작한다

상황상 분명히 내게 좋은 뜻으로 말했을 텐데, 이상하게 듣고 있으면 기분이 나빠지게 말하는 사람이 있다. 내 생각이나 지식을 전달하는 것도 중요하지만, 상대의 마음을 얻는 자리에서 가장 중요한 건 먼저 '마음의 문을 여는' 일이다. 문을 열지 못하면 아무리 화려한 가구도 방 안에 들일 수 없듯, 우리 마음도 마찬가지다. 그렇다면 어떻게 상대의 마음의 문을 여는 말을 해줄 수 있을까?

상대를 향한 작은 관심이 우리의 말을 바꾼다. 모두가 "그런 일을 요즘에 누가 하냐?"라고 말할 때, "그래, 맞아. 네가 하는 일이 엄청 중요한 일이더라!"라고 말해 주는 사람이 있다면 그 사람의 마음을 얻을 수 있다. 모두가 "그건 하기 힘들지!"라고 말할 때, "네가 평소 잘해 오던 일이니까 이번에도 잘되겠지"라는 말을 들려준다면 우리는 그 사람의 마음을 얻을 수 있다. 그러나 "분명한 원칙을 갖고 있는 네가 자랑스러워"라는 말을 해주려면 일단 상대가 어떤 원칙으로 살아가는지 알아야 한다. "다들 네 진심을 알면 상황이 좋아질 거야"라고 말해 주려면 상대의 진심이 뭔지 알아야 한다.

상대에 대한 무관심은 섬세하지 못한 표현으로 이어지기도 한다. 올해 연세가 아흔아홉 세인 할머니에게 "할머니, 백 세까지 오래오래 사세요"라고 한다든지, 독실한 기독교 신자에게 "넌 정말 마음이 넓어. 보살이 따로 없어"라고 하는 식이다. 특히 제대로 알지도 못하는 사람에게 대뜸 알 수 없는 칭찬부터 하는 것은 "매우 예의가 없는 사람이네"라는 생각까지 하게 만든다.

다시 만나기 어려운 사람을 처음 만나는 자리에서 상대가 내 첫인상을 나쁘게 가지지 않게 하려면, 세심하게 상대를 살피고 입에서 나오는 말을 철저하게 제어할 필요가 있다. 마음을 얻는 말하기는 상대를 향한 섬세한 마음에서 비롯된다. 섬세한 마음을 갖는 다음 두 가지 원칙을 기억하라.

1___ 함부로 단정하지 않는다

일이 너무 많아 계속 야근을 하는 동료에게 "넌 한 번에 여러 일을 못하는 사람이잖아. 팀장님께 일이 너무 많다고 말하는 건 어때?"라는 말은 좋지 않다. 당신은 동료를 '한 번에 여러 일을 못하는 사람'이라고 판단했을지 몰라도 상대는 그런 사람이 아닐 수 있다.

2__ 보이지 않는 것에 관심을 둔다

우리가 섬세하지 못하고 항상 조급하게 말하거나 실수하는 이유는 뭘까? 보이는 것에만 관심이 있기 때문이다. 미용실에서 머리를 하고 나온 상대에게 "머리가 예쁘게 잘 되었네요!"라고 하지 않고 "정말 부지런하세요. 외모를 단장하는 것도 저처럼 게으른 사람에게는 무리인 것 같습니다"라고 말한다면, 상대는 단순히 '이 사람이 내 외모를 칭찬하는구나'라고 생각하지 않고 '이 사람이 내 성실함을 알아주는구나'라고 생각할 것이다.

어떤 계산이나 짐작도 하지 말고 온전히 그 사람을 바라보라. 그리고 최대한 순수하고 담백한 언어로 그 마음을 표현하자. 그럼 당신의 작은 섬세함에 상대는 마음의 문을 활짝 열 것이다.

관점을 바꾸면
마음도 움직인다

2023년 최고의 히트상품은 단연 '탕후루'였다. 한 프랜차이즈는 전국에 무려 420개의 매장을 운영할 정도로 인기가 대단했다. 하지만 생과일을 꼬치에 꽂아 겉면을 시럽으로 코팅하는 제품의 특성상 충치 유발 지수는 매우 높은 모양이다. 이런 사실을 알고 있는 한 프로그램의 사회자가 마침 출연한 치과의사에게 직접 탕후루를 맛보게 한 후 그 맛을 물었다. 그러자 그는 예상하지 못한 멋진 답변을 내놨다.

"이 정도의 맛이라면 제가 3년 안에 한강 변에 있는 아파트를 하나 살 수 있을 것 같습니다."

보통의 치과의사라면 "물론 맛은 있지만 충치 유발 지수가 너무 높아서 적당히 드시고 이를 꼭 닦으셔야 합니다"라고 말했을 것이다. 그 치과의사의 위트 있는 답변은 수많은 사람의 공감을 얻었는데, 왜일까? 중요한 건 결국 관점의 차이다. "이를 꼭 닦으세요"라고 말하는 의사는 뉴스를 보는 일반 시청자들에게 단지 의견을 '전달'했을 뿐이지만, "이러다 아파트를 살 수도 있겠다"라고 말했던 의사는 평소 탕후루가 달다고 생각하던 사람들에게 '공감'을 전할 수 있었다.

관점을 바꾸면 말도 행동도 세상을 이해하는 방식도 달라지기 마련이다. 1858년, 영국왕립통계학회에서 최초의 여성 회원으로 선출된 사람이 있다. 그녀는 영국의 의료 제도를 바꾼 개혁자이자, 영국왕립통계학회가 인정하는 최초의 수학 도표를 사용한 사람이다. 바로 우리가 흔히 '백의의 천사'로 기억하는 나이팅게일이다.

그녀는 어떻게 백의의 천사가 되었을까? 나이팅게일은 부상병을 치료하다가 '부상병이 전쟁터에서 입은 상처 때문이 아니라 질병 때문에 죽어간다'라는 매우 유의미한 사실을 발견했다. 그녀는 비이성적인 직감에 의지하거나 멋대로 추측하지 않았다. 병사들의 사망 원인을 밝히기 위해서 영양 상태와 위생 상태, 질병 상태 등을 조사했고, 조사한 것을 과학적으로 분석하기 위해 자료를 체계적으로 정리하기 위한 수단으로 도표를 사용했다. 그녀는 자신이 연구한 자료를 바탕으로 하수구를 효율적으로 청소하는 등 위생 상태를 개선하는 노력을 통해 43퍼센트에 이르던 병사들의 사망률을 2퍼센트로 낮추는 데 성공했다. 이런 놀라운 일의 배경에는 그녀의 마음을 움직였던 아버지의 말 한마디가 있었다.

당시 영국도 다른 나라와 마찬가지로 여성에게 배움의 기회가 별로 주어지지 않았다. 특히 수학은 여성들이 거의 배우지 않는 학문 중 하나였다. 그러던 어느 날, 나이팅게일의 아버지는 그녀를 불러다 이렇게 말했다.

"앞으로 수학을 더 열심히 공부해라."

나이팅게일은 그런 아버지에게 "여자들이 배우지 않는 수학을 제가 꼭 배워야 할까요?"라고 물었다.

그러자 아버지는 단호한 목소리로 이렇게 말했다.

"여자로만 머물고 싶다면 배울 필요 없다."

아버지의 한마디에 그녀는 바로 수학 공부를 시작했다. 나이팅게일의 아버지는 어떻게 그녀의 마음을 움직이는 말을 할 수 있었을까? 바로 그녀를 '여성'이 아닌 '배움의 열망을 가진 한 사람'으로 생각했기 때문이다. 만일 그녀의 아버지가 "배워두면 뭐 언젠가는 쓸모가 있지 않을까?"라는 일반적인 관점으로 말했다면 어린 나이팅게일의 마음을 바꾸기 어려웠을 것이다. 그리고 그녀를 여성으로만 생각했다면 '수학을 더 열심히 공부하라'

는 조언을 하지도 못했을 것이다.

공감은 내 말을 듣는 상대가 누구인지 알고, 그 사람이 듣고자 하는 말을 들려줄 때 일어난다. 마음을 얻으려면 내가 하는 말을 누가 듣는지, 그 사람들은 무엇을 원하는지 알아야 한다. 그런 섬세함과 관점의 전환은 세상을 바라보는 나의 눈을 넓혀줄 뿐만 아니라 다른 사람의 마음까지도 얻게 해줄 것이다.

섬세함을 방해하는
세 가지 표현

예민한 사람과 섬세한 사람은 비슷하다고 생각한다. 하지만 전혀 그렇지 않다. 방향이 완전히 다르다. 예민한 사람은 모든 일의 중심에 자신이 있지만, 섬세한 사람은 대화의 중심에 말하는 상대를 둔다. 또 섬세한 사람들은 사소한 표현에도 주의를 기울인다. 예를 들자면 다음과 같은 표현에 주의한다.

1___ '많은 사람'이라는 말

"많은 사람들이 그렇게 이야기했다"라는 표현은 너무 급하게 자기 주장을 말하려는 느낌을 준다. 일단 '많은 사람'이 얼마만큼의 숫자를 의미하는지 구체적인 기준이 없고, 그 사람들이 정말 그렇게 이야기를 했는지 일일이 다 확인한 것도 아니기 때문이다.

'많은 사람'이라는 애매한 표현보다는 '내가 만난 이십 대 청년 중 절반 정도는'이라는 표현이나, '어떤 사람은'이라는 표현으로 바꾸는 게 어떨까? 듣는 사람이 '이건 자극적이지 않고 사실을 그대로 전한 말이네'라는 생각을 할 수 있다.

2 ___ '그렇다고 한다'라는 말

'그렇다고 한다'라는 표현도 마찬가지다. 내가 이야기한 게 아니라 남들이 그렇다고 말하는 모든 정보는 내가 다시 한번 더 확인해야 한다. 말하려는 것을 내가 확실하게 경험해야 더 분명하게 표현할 수 있다. 조금 더 명확하게 표현할 수 있을 때까지 어떤 주제에 대한 이야기는 하지 않는 것도 좋은 방법이다.

3 ___ '대충 때우자'라는 말

'대충 때우자'라는 표현은 정말 최악이다. '대충 한 끼 때우자', '대충 시간 때우자' 같은 표현은 무언가를 스스로 할 의지도, 주도적으로 무언가를 계획할 생각도 없는 사람이라는 느낌을 준다. '대충 때우자'라는 말 대신, "오늘은 뭘 즐길까?"라는 표현이 훨씬 좋다. 말은 하다 보면 삶이 된다. '대충 때우자'라는 말을 하면 정말로 때우는 게 되고, '어떻게 즐길까?'라고 말하면 즐기는 게 된다.

사람의 마음을 열어 주는
'열린 질문법'

"어, 너도 봤지? 방금 지나간 거!"

"봤지, 봤지? 지금 스친 거 있잖아!"

차를 타고 가다가 신기한 광경이 나타나면 옆에 탄 사람에게 의견을 물으며 흔히 하는 말이다. 하지만 언제나 같은 마음을 공유하는 데 실패하게 된다. 이유는 간단하다. 같은 풍경을 바라보지 못했기 때문이다.

식당에 밥을 먹으러 가서도 비슷한 일이 일어난다.

"난 국수. 너도 국수 먹을 거지?"

"나는 떡볶이 먹을 테니까, 너는 쫄면 먹어. 나눠 먹자."

나는 메뉴까지 정해서 말하는데, 사실 상대는 별로 먹고 싶지 않을 수 있다. 나는 당연히 창밖 너머의 풍경을 봤을 거라고 생각해 얘기를 꺼냈는데, 상대는 전혀 관심이 없거나 다른 일에 집중하느라 바쁠 수 있다.

우리는 이렇게 생각이 다르다. 생각은 생김새보다도 더 많이 다르다. 세상에 비슷한 얼굴은 있어도, 비슷하게 생각하며 사는 사람은 정말 흔하지 않다. 그래서 우리는 영화나 드라마에서나 만날 법한 나와 생각이 닮은 소울메이트를 그토록 찾고 싶어 하는 게 아닐까?

그러니 상대방과 나는 같은 것을 봐도 전혀 다른 생각을 할 수 있다는 사실을 아는 것이 중요하다. 당연한 소리라는 생각이 들 수도 있을 것이다. 하지만 우리는 사소한 말도 '나 중심'으로 생각해서 내뱉기 쉽다.

"나 이거 할 건데, 너도 하는 게 좋지 않을까?"라거나 "이렇게 해 보니 다들 좋아하던데, 너도 그렇게 생각하지?"라는 말 대신 "네 생각을 먼저 듣고 싶다. 너는 어떻게 하고 싶어?"라는 열린 질문이 좋다.

이렇게 볼 때는 그런 말들이 쉽게 느껴지지만 일상에서는 입으로 나오지 않는다. 아직은 입에 붙지 않아서, 우리가 살아오며 그간 반복했던 익숙한 말만 나오기 때문이다. 하지만 그럴 때마다 대화 상대를 생각하는 섬세한 마음을 떠올리고 여러 번 연습해 보라.

그리고 기억하라.

"열린 질문이

열린 마음을 만든다."

섬세한 마음을 갖게 해주는
좋은 습관들

누구와 이야기하든 대화의 질은 결국 공감의 깊이가 결정한다. 처음 만나는 낯선 사람의 마음까지도 빠르게 얻는 사람들은 어떻게 섬세한 마음을 가질 수 있었을까?

공감의 언어를 구사하는 사람은 크게 세 가지로 나눌 수 있다. 첫 번째로 가장 최악은 자신이 원하는 말만 내뱉는 사람이다. 자기가 원하는 말만 하는 그들 중에는 논리적인 사람도 있다. 하지만 그들은 세상을 많이 배우기는 했어도 세상을 많이 이해하는 사람은 아니다. 알 수 없는 전문용어를 섞어 가며 말하고, 상대가 얼마나 대화에 공감하고 있는지에 대해서는 전혀 생각하지 않는다. 하고 싶은 말을 논리적으로 했다고 생각하면서 스스로 만족을 얻기 때문이다.

그보다 나은 단계는 앞서 이야기했던, 상대가 원하는 부분이 무엇인지 알고 그들이 듣고 싶은 말을 해주는 사람이다. 하지만 여전히 조금 부족한 부분이 있다. 자칫하면 감성만 건드리고 억지로 공감을 이끌어 내려는 사람으로 보일 수도 있기 때문이다.

마지막으로 가장 좋은 것은 상대가 원하는 말을 논리적으로 해주는 사람이다. 최고의 대화 상대다. 이들은 상대의 마음에 맞는 대화를 나누며 공감대를 형성하고 잘 소통할 수 있다. 이들은 평소 어떤 습관을 가지고 있길래 이렇듯 섬세한 마음으로 자연스럽게 공감의 말을 할 수 있는 걸까? 나는 그들의 삶에서 다른 사람에게는 발견할 수 없는 특별한 네 가지 습관을 추출했다.

1___ 가볍게라도 꾸준히 읽는다

다른 사람의 공감을 얻으려면 결국 다른 사람의 생각을 알아야 한다. 다른 사람의 생각을 많이 아는 가장 좋은 방법은 고전적이라 말하겠지만 책 읽기만 한 게 없다. 공감을 잘하는 사람들은 시대가 무엇을 원하는지에 관심이 많다. 그들은 베스트셀러를 찾아 읽는다. 대단한 책을 읽어야겠다고 생각하지 말고 가볍게라도 꾸준히 읽는 습관을 들여보자. 하루 삼십 분이라도 적절한 콘텐츠를 찾아 읽는 습관을 들이다 보면 내가 미처 알지 못했던 생각과 관점들이 보일 것이다.

2___ 일상을 관찰한다

상대를 공감의 세계로 인도할 수많은 생각은 결국 일상에서 나온다. 계절과 날씨를 섬세하게 느껴 보자. 어제의 바람과 오늘의 바람은 다르다. 무엇이든 섬세하게 느끼는 사람은 출근하다가도 '어제보다 바람이 차가워졌네, 이제 곧 가을이 오겠다'라는 생각을 한다. 마음을 움직이는 말하기는 세상을 바꿀 엄청난 아이디어가 아니라, 단순하고 작은 깨달음에서 시작한다.

3___ 모든 일에 이유를 생각한다

우리는 보통 같은 일을 반복하며 살아간다. 하지만 섬세한 마음을 가진 사람들은 늘 이런 질문을 던진다. "저건 왜 저러는 거지?", "저 결과에는 어떤 과정이 있을까?" 어떤 일이 일어난 데에는 반드시 이유가 있을 거라고 생각하는 자세는 중요하다. 일상에서 일어나는 일들에 대한 근본적인 이유를 하나 발견한다는 것은, 우리와 비슷한 일상을 보내는 사람들과 공감할 수 있는 연결 고리를 하나 더 발견하게 되는 것과 같다.

4___ 좋은 사람을 곁에 둔다

공감의 언어를 말하는 사람들을 잘 관찰하면, 그들 곁에는 언제나 그들에게 영감을 주는 좋은 사람들이 있다는 사실을 알게 된다. 좋은 사람들을 곁에 두어라. 분명 그들에게서 얻을 점이 있다.

많은 사람이 '진심은 통한다'라고 말한다. 그런데 살다 보면 그게 말처럼 되지 않을 때가 많다. 이유가 뭘까? 진심을 제대로 전하지 못해서다. '진심은 통한다'를 좀 더 정확하게 말하자면, '진심을 제대로 표현한 말은 통한다'라고 해야 한다. 어떤 진심도 저절로 통하지는 않는다. 자기 마음이 진심이라고 대충 표현하는 건 애써 만든 근사한 요리를 일회용 접시에 담아내는 것과 같다.

마음에 정성을 다했다면,
그 마음을 전달하는 표현에도
정성을 다해야 한다.

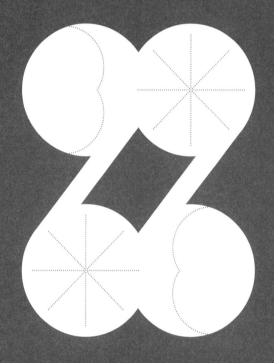

7장

〈 지성 〉

지혜로운 말은
분별하는 마음에서 나옵니다

본질을 꿰뚫는
안목의 힘

"그 사람이 그럴 줄 몰랐어."

"완전 배신이야, 그런 사람이었구나."

"알고 보니 그 사람, 말과 행동이 다르더라고요."

예상치 못한 일로 피해를 입곤 상대를 비난하는 마음을 표현하는 사람들이 있다. 사실 공감하면서도 안타까운 마음이 든다. 그걸 왜 미리 알지 못했을까? 인간관계에서 실체를 구분할 안목이 없었기 때문이다. 또 그 사람은 나에게는 맞지 않지만, 다른 사람에게는 딱 맞는 사람일 수도 있다. 내가 지속적으로 관계를 이어 나갈 만한 좋은 사람은 그 관계를 분별하는 마음에서 나온다.

본질을 제대로 볼 줄 아는 안목이 없는 사람은 지혜로운 말도 하기 어렵다. 어떤 상황에서 무슨 말이 가장 중요하고 어떤 말이 필요 없는 말인지 구분하지 못하기 때문이다. 기회를 얻어도 잡음을 내거나 엉뚱한 말로 있는 능력을 다 까먹기도 한다.

안목이 탁월한 사람들은 '선택'을 잘한다. 남들이 좋다고 하는 걸 따라가지 않고 말도 현명하게 잘 '선택'한다. 누군가 내게 좋아하는 음악을 추천해 달라고 해 알려 주었더니, "아···. 다 옛날에 나온 노래네요. 아무튼 추천해 줘서 고마워요"라고 했다. '아···. 다 옛날에 나온 노래네요'라는 말을 굳이 했어야 했을까? 안목이 없는 사람들은 굳이 할 필요 없는 말까지 해 괜한 오해를 사곤 한다.

'너 정말 안목이 없다'라는 이야기를 자주 듣는 사람들은 어떤 공통점이 있을까? 나는 다음 일곱 가지 특징을 발견했다.

1___ 가능성을 믿지 않는다

그들은 자신의 가능성을 아예 포기한 사람들이다. 어떤 일을 시작해도 스스로 잘할 수 있다고 생각하지 않는다. 누군가 곁에서 진심으로 응원해도, 자신을 놀린다고 혼자 오해하며 더욱 깊은 불가능의 늪에 빠진다.

2___ 감정 변화가 매우 심하다

바람만 불어도 불길하다고 말한다. 감정 변화가 심해 무엇도 꾸준히 하기 힘들어 한다. 부정은 더 큰 부정을 부르고, 결국 그들의 주변은 부정적인 사람들로 채워진다.

3___ 감각이 없다

안타까운 점은 그들이 노력하지 않는 베짱이는 아니라는 사실이다. 열심히는 하지만 늘 '감각'이 빠져 있다. 작가로 예를 들자면, 그들은 문법에 맞게 글은 잘 쓰지만 표현력이 부족해서 독자의 반응을 얻지 못한다.

4___ 자꾸 과거만 생각한다

이들의 가장 큰 공통점이다. 지나간 것에 집중하고 지금 중요한 게 뭔지 모른다. 지금 가장 중요한 게 뭔지 알아야 좋은 관계도 맺고 좋은 말도 할 수 있다는 사실을 알지 못한다.

5___ 생각과 행동이 다르다

이를테면 입으로는 부자가 되고 싶다고 말하지만, 행동은 빈자처럼 한다. 마치 고고한 학자처럼 물질에 큰 욕심이 없는 사람처럼 말하고 행동한다. 그리곤 빈 지갑을 보며 갑자기 부자는 나쁜 놈들이라고 비난한다. 시작과 중간, 끝이 전혀 다르다. 신도 그를 이해하지 못한다.

6___ 세상을 향해 투정만 부린다

그들은 절대 자신을 비난하지 않는다. 그들의 모든 불만은 세상을 향해 있다. 세상이 잘못되었고, 자기에게만 기회를 주지 않는다고 생각한다. 언제나 사회를 먼저 지적하고 자기 삶은 절대 돌아보지 않는다.

7___ 기회를 줘도 의심한다

그들은 이미 찾아온 기회도 끝없이 의심해서 결국 기회를 잡지 못한다. 긍정적인 의미의 의심이 아니라 '무슨 꿍꿍이가 있는 거 아닌가?'라는 부정적인 의심에 사로잡혀, 기회를 잡고자 노력하지 않고 최소한의 시간도 투자하지 않는다. 긍정해야 할 모든 시간을 끌어모아 부정하는 데 소비한다.

간단하게 말해서, 분별하는 마음을 가지고 싶다면

위에 나열한 안목 없는 사람들의 특성을 가진 사람들과 되도록 멀어져라.

그리고 그들과 반대로 생각하고 행동하라.

마지막으로, 삶을 긍정하라.

분별하는 마음은 일단 상황을 긍정해야 기를 수 있다. 부정하면 할수록 본질을 제대로 볼 수 없고, 긍정하면 할수록 본질을 꿰뚫는 안목이 생긴다.

관계의 흐름을 바꾸는
네 가지 전략

사람은 누구든 관계를 맺고 산다. 상황에 따라 관계도 매우 다양하다. 소개팅, 면접, 단순한 만남, 업무상 미팅, 회의 등 자신의 이미지를 보여줘야 하는 모든 순간이 '관계 맺기의 시작'이다. 그래서 처음 관계를 맺을 때 상대에게 전해지는 느낌이 중요하다. 한 번 정해진 느낌은 쉽게 바뀌지 않기 때문이다. 하지만 처음에 실패한 관계의 흐름을 바꿔야 한다면? 그때는 원하는 관계를 만들어 주는 언어와 지혜로운 전략이 필요하다. 다음 네 가지 전략을 통해 우리는 부정적인 관계의 흐름을 바꿀 수 있다.

1___ 효과적으로 경청한다
경청은 매우 중요한 대화의 기술이다. 듣지 않고 대화할 수 있는 방법은 없다. 하지만 목적 없는 독서가 아무런 답도 주지 못하는 것처럼, 아무런 전략이 없는 경청은 시간 낭비일 뿐이다. 듣고 싶은 말은 스스로 결정해야 한다. 원하는 말이나 궁금한 말을 상대에게 듣고 싶다면 원하는 답이 나올 수 있는 질문을 해야 한다는 것이다. 이때, 상대의 가치관, 그리고 그런 가치관을 가지게 된 이유, 그가 사람과 관계를 바라보는 관점을 관찰하다 보면 효과적인 질문과 생산적인 경청이 가능하다.

2__ 남을 끌어들이지 않는다

"글쎄요, 제가 딸을 키우는 입장이라."

"그건 좀 힘드네요, 직장 상사가 보통이 아니라서."

이런 방식으로 남을 끌어들이며 하는 핑계와 변명은 대화를 피곤하게 한다. 또한 관계의 흐름을 바꾸는 데도 전혀 도움이 되지 않는다. 지금 상대는 당신의 입장을 듣기 위해서 앉아 있는 게 아니라는 사실을 자각해야 한다. 대화를 할 땐 항상 자신을 중심에 두고 생각해야 하는데, 관계에서 끌려가기만 하는 사람들은 자기 문제를 자꾸 남에게 돌려 합리화하려는 공통적인 특성이 있다. 내 주장은 내 선에서 끝내야 한다. 남을 끌어들이는 순간 그 주장은 빛을 잃고 대화의 주도권도 돌아오지 않는다.

3__ 긍정적인 선입견을 심어 준다

보통 '선입견'이라는 말은 부정적인 의미로 자주 사용된다. 하지만 사람에 따라 충분히 긍정적으로 쓸 수 있다. 사회생활을 하다 보면 선입견은 주로 나의 견해와 불일치하는 말과 행동을 상대에게서 볼 때 생긴다. 매우 중요한 부분이다. 우리는 여기에서 한 가지 힌트를 발견할 수 있다. 상대에게 '말이 통하는 사람'이라는 긍정적인 선입견을 주자. 좋은 선입견이 대화를 당신이 원하는 방향으로 바꿔 줄 것이다.

4__ 해야 할 말을 섬세하게 선택한다

상대 마음에 상처 주는 표현을 하지 않기 위해서는 단어와 표현 하나까지도 관찰하듯 깊이 생각해서 골라야 한다. 일반적으로 '응원'이라는 단어는 긍정적인 표현이지만, 대화할 때 "그래요, 꼭 그 꿈이 현실이 되기를 응원해요"라는 말은 상황에 따라 '꿈이 현실이 되지 않을 수도 있다', '지금 당신의 현실은 최악이다'라는 의미를 줄 수도 있다. 때에 맞게 적절한 말을 쓰기 위해 의식적으로 노력할 필요가 있다. 섬세하게 선택하지 못한 말은 마음을 불편하게 한다.

이런 네 가지 전략을 잘 사용하면 부정적으로 흘러가는 관계를 긍정적으로 바꿀 수 있다. 하지만 이런 전략보다 중요한 것은, '지혜로운 말은 부정적인 관계도 긍정적으로 바꾸어 줄 수 있다'라는 강한 믿음을 갖는 일이다. 강력하게 믿는 만큼 그 말에도 힘이 실린다.

'호칭'은 왜 중요할까?

"저기요, 이거 좀 보세요."

"○○씨, 만나서 반가워요."

얼핏 존대를 하는 것처럼 느껴지는가? 하지만 이런 말은 시간이 지날수록 상대를 무시하는 느낌을 줄 수 있다. 호칭을 제대로 설정하지 않으면 좋지 않은 평판으로 이어지기도 쉽다. 사실 관계와 친밀도에 따라 호칭은 참 애매하다. 하지만 그럼에도 우리가 호칭에 주의해야 하는 이유는, 우리는 부르는 대로 보고 부르는 대로 듣고 부르는 대로 무언가를 얻을 수 있기 때문이다.

'선생님'이라고 부르면 배울 것을 얻을 수 있고, '사랑하는 사람'이라고 부르면 따스한 마음을 배울 수 있고, '나쁜 놈'이라고 부르면 나쁜 감정을 내 안에 심게 된다. 세상은 부르는 자의 몫이다. 그래서 우리는 적절한 호칭을 찾아야 한다.

누군가를 처음 만났을 때도 호칭은 매우 중요하다. 처음 만나는 사람과 제대로 대화하는 게 쉽지 않은 이유는, 너무나 당연한 이야기지만 '잘 모르는 사람'이기 때문이다. 모르는 사람과 첫 대화를 시작하는 순간에는 떨림과 기대가 동시에 느껴진다. 그 모든 시작은 호칭에서 시작한다. 첫 대화에서 주로 나오는 실수는 보통 호칭에서 시작하기 때문이다. '교수님'이나 '작가님', '선생님', '부장님' 등 정확한 호칭을 선택해서 불러야 하는데, '저기요', '여기요', '○○씨', '있잖아요' 등으로 상대를 불러서 오해를 사고 대화가 원하는 방향으로 흘러가지 않는 경우가 생긴다. 호칭은 그 사람을 부르는 소리다. 상대는 나의 호칭에 따라 다른 반응을 보이게 된다.

나는 배움과 발견의 관점에서 호칭을 결정한다. 누군가에게 글을 배우고 싶다면 '작가님', 같은 직장에 다니지는 않지만 그의 업무 능력을 배우고 싶다면 '선생님' 같은 식으로 말이다. 아무리 생각해도 적합한 호칭을 발견할 수 없다면 스스로 적절한 표현을 정해서 부르면 된다. 누군가에게서 예쁜 마음을 발견했다면 '천사 같은 ○○님'이라고 부르기도 하고, 볼 때마다 행복해지기를 바라는 사람이 있다면 '햇살 같은 ○○님'이라고 부르기도 한다.

우리는 얼마든지 스스로 따뜻해질 수 있다.

간절히 원하는 사람이 부르면 봄은 온다.

호칭을 생각할 때 늘 기억하자.

"좋은 관계도 좋은 사람도

내가 부르면 온다."

현명한 논쟁을 위한
일곱 가지 자세

아무리 친절하고 진실한 사람도 살면서 논쟁은 피할 수 없다. 그럼, 사람들과 어떻게 현명하게 논쟁할 수 있을까? 나는 그 답을 괴테의 삶에서 찾았다. 괴테는 자연과학과 색채론을 연구하기도 했고, 연극과 문학을 사랑했고, 그림까지 전문적으로 그리면서 다양한 분야에서 활발하게 활동했다. 그렇게 때문에 그는 늘 다양한 분야의 전문가들과 수없이 많은 논쟁을 벌여야만 했다. 당연히 그가 쓴 수많은 책에는 그가 경험을 통해 깨달은 현명하게 논쟁하는 법에 대한 내용이 가득했다.

나는 지난 15년 동안 괴테가 자신의 책을 통해 전해 주는 현명하게 논쟁하는 일곱 가지 방법을 찾았다. 다음에 제시하는 일곱 가지 논쟁의 자세를 기억하고 일상에서 실천하면, 분별력은 높아지고 관계도 지혜롭게 맺어 갈 수 있을 것이다. 결국 인간 관계란 자기 생각을 잘 전달하며 이루어지는데, 그 과정에서 논쟁을 피할 수 없다면 현명하게 상황을 이끌어 가는 것이 좋다.

1___ 오래 듣고 짧게 답한다

상대의 이야기를 오래 들어야 하는 이유는 단지 경청만이 목적이 아니다. 상대가 이야기를 하는 동안 나는 내 생각을 짧게 요약할 시간을 가질 수 있다. 상대의 이야기를 최대한 오래 들어야 그의 마음을 알 수 있고, 나의 주장을 정리할 시간까지 충분히 가질 수 있다는 사실을 기억하자.

2___ '모르는 건 기회'라고 생각한다

실패가 성공으로 가는 최고의 기회인 것처럼, 상대에게 잘 모르는 것에 대한 질문을 받는 순간도 역시 상황을 좋게 이끌어 나갈 기회로 활용할 수 있다. 모르는 것을 아는 척하며 두리뭉실 넘기는 것보다는 잘 모르는 부분이 있다는 사실을 상대에게 알리며 오히려 가르침을 얻는 게 낫다. 아는 척은 언젠가 티가 나게 된다. 또 배우려는 자를 비난하는 사람은 없다. 배움의 자세는 언제나 상대에게 좋은 느낌을 준다.

3___ 상대가 화를 낼 때는 귀만 기울인다

논쟁 상대가 화가 났을 땐 반드시 경청해야 한다. 화를 내며 하는 이야기가 그 사람이 정말 하고 싶은 이야기일 수 있기 때문이다. 하지만 개입은 금물이다. 함께 화를 내지 말고 그가 왜 화가 났는지 이유를 파악하고 가장 지혜로운 해결책을 생각하라.

4___ 과열된 분노의 장에서 빠져나온다

그러나 만일 두 사람이 토론하고 있는데 두 사람 모두 어떤 사안을 두고 지나치게 분노하고 있다면, 두 사람 모두에게 잘못이 있을 가능성이 높다. 그런 상태에서는 이성적으로 논쟁이 이루어질 수 없다. 지나치게 분노한다는 것은 이미 그가 이성적인 판단을 하지 못하고 있다는 사실을 말해 주고 있기 때문이다. 그저 이기기 위해서 혹은 자신의 주장을 외치기 위해서 그 자리에 서 있을 가능성이 높다. 그런 자리라면 피하는 게 좋다. 과열된 분노의 상황에서는 남아 있는 자가 아니라, 먼저 빠져나오는 자가 무언가를 얻을 수 있다.

5___ '빈틈없는 사람은 없다'라는 사실을 기억한다

논쟁을 하다 보면 도무지 틈을 찾을 수 없는 사람을 만나게 된다. 가볍게 웃으며 어떤 상황에서도 흔들리지 않는 사람을 만나면 논쟁하기 쉽지 않은 게 사실이다. 하지만 그럴수록 더욱 쉽게 생각해야 한다. 세상에 빈틈이 없는 사람은 없다. 오히려 빈틈이 없다는 것은, 빈틈 없는 사람으로 보이기 위해 노력하고 있다는 증거다. 나만 떠는 게 아니다. 상대도 떨고 있다는 사실을 기억하자.

6 ___ 심사가 뒤틀린 사람은 피한다

나만 옳다고 말하는 사람을 만나면 어떤 진실과 지식으로도 논쟁할 수 없다. 어떤 위대한 사상가나 철학자도 그런 사람을 만나 논쟁을 하면 같은 수준으로 전락한다. 이를 두고 괴테는 "무지한 인간을 상대로 다투어, 무지에 빠지지 않는 현자는 없다"라고 말한다. '내가 모든 사람을 설득할 수 있다'라는 생각을 버리는 게 우선이다. 세상에는 말이 통하지 않는 사람도 있다. 대화가 통하지 않는 사람에게 대화를 거는 것처럼 바보 같은 일은 없다. 피하는 것도 현명한 전략이다.

7 ___ 상대의 생각을 바꾸려 억지 부리지 않는다

논쟁은 이기려고 하는 게 아니다. 반드시 명심해야 한다. 상대의 주장에서 그가 생각하는 진실의 고리를 파악하고, 그것을 통해 내가 펼칠 수 있는 생각의 범위를 확장하는 게 논쟁의 목적이다. 생각의 변화는 상대가 아니라 내 삶에서 이루어져야 한다. 어떻게 남의 생각을 바꿀지 고민하는 게 아니라 어떻게 내 생각을 바꿀 수 있을지 고민하는 게 논쟁의 목적이라는 사실을 기억하자.

간혹 논쟁하는 상대에게 연설하거나 강의하려는 사람이 있는데, 최악의 태도다. '치열하게 논쟁한다'라는 말은 상대를 설득하고 짓누르기 위해 분투한다는 의미가 아니다. 승패가 아니라 내면에서 일어나는 자기 생각의 변화에 집중하는 게 좋다. 그게 바로 논쟁을 통해 더 멋지게 성장하는 사람들의 공통점이다. 논쟁은 타인과 세상을 더 이해하기 위해서 하는 것이지, 상대를 이기려고 하는 게 아니라는 사실을 기억한다면, 논쟁이 우리에게 주는 깨달음을 지혜롭게 받아들일 수 있을 것이다.

화가 날 때
지혜롭게 말하는 법

직장에서 후배에게 일을 하나 맡겼는데 제대로 하지 못해서 아까운 시간만 하염없이 흘러간 적이 있는가? 마감일은 다가오는데 일은 진전이 없고 마음은 초조하다. 이럴 때 화를 내며 "이런 식으로 일을 처리하면 어떡해?", "아니 그동안 대체 뭘 배운 거야?"라고 말하는 건 그렇게 지혜로운 문제 해결 방법이 아니다. 그렇게 말하면서 짜증은 더 나고 시간은 계속 흐르고 상대는 여전히 그 일을 어떻게 해야 하는지 알지 못한다. 차라리 자세하게 설명한 후에 "이거 혼자 할 수 있겠어요?"라고 차분히 물어보고 "도움이 필요하면 말해요, 언제든 도와줄게요"라는 말을 덧붙이는 것이 훨씬 좋다. 화가 날 때 화가 나는 대로 말하면 문제는 해결되지 않고, 말하는 사람도 듣는 사람도 기분만

상할 뿐이다.

　　아이들에게도 마찬가지다. 아이들은 말이 참 많다. 평소에는 말 많은 아이들과 대화를 잘하다가도, 비슷한 걸 계속해서 물어보는 아이에게 화가 난 상태에서 부모는 자신도 모르게 "넌 왜 이렇게 말이 많니!"라고 소리치게 된다. 하지만 화가 났을 때의 감정 그대로 아이에게 말을 건네면 상황이 더 나빠질 뿐 문제는 해결되지 않는다. 오히려 "왜 그렇게 생각하니?", "그게 왜 궁금한 거야?"라고 질문해 주면 아이들은 같은 질문을 계속하는 이유를 나름대로 한 번 더 생각할 수 있게 된다.

　　많은 사람들이 이렇게 하소연하곤 한다.

　　"평소엔 그 조언대로 할 수 있죠. 문제는 화가 났을 땐 그게 어렵다는 겁니다."

　　그럼 어떻게 해야 할까? 답은 어렵지 않다. 그저 스스로 화가 난 마음을 조절할 수 있는 사람이 되려고 하면 된다. '말이야 쉽지'라고 생각할지도 모른다. 하지만 불가능한 이유는 언제나 수백 개이더라도 가능한 이유는 단 하나다. 우리는 생각하기 쉬운 '불가능'이라는 카드를 집어 드는 것 대신 일단 해 보는 방법을 택해야 한다. 화가 날 때 화를 내는 것 대신 차분히 다시 설명하는 연습, 그것이 우리에게 필요하다.

　　때로 주변 사람들에게 무심코 화내며 했던 말을 내가 누군가에게 상기시켜 주면, 그제야 사람들은 그때의 실수를 회상하며 이렇게 반성한다.

"아, 제가 십 년 전에 상처받았던 말이네요."

"반성해야겠네요. 제가 들었던 말을 그대로 돌려주고 있었네요."

"그렇게 말해 봤자 나아지는 것도 없는데, 그땐 왜 그렇게 얘기했을까요?"

그러니 어떤 말을 하기 전에 곰곰이 다시 생각해 보라.

'지금 이 말을 들었을 때, 의도한 것만큼 일이 잘 해결될까?'

'이 말이 지금 꼭 필요할까?'

'서로 감정만 상하고 상황은 그대로라면 굳이 이렇게 말해야 할까?'

타오르는 화를 있는 그대로 표현할 수도 있지만, 분별하는 마음이 있는 사람은 다르다. 내면이 지성으로 가득한 사람은 언제나 최악의 상황도 좋은 방향으로 이끌 줄 안다.

현명하게 말하고 싶다면
불필요한 말을 줄이고,
나오는 대로 말하기보다는
단어를 골라서 쓰는
어른이 되어야 한다.

내 안에 없는 말은
꺼낼 수 없다

무슨 날만 되면 사람들이 찾는 말이 있다.

'인사말'

새해에는 '새해 인사말', 추석에는 '추석 인사말'과 같이 누군가에게 감사의 인사를 전하거나 위로의 말을 건네야 할 때가 되면 꼭 인사말을 찾아본다. 물론 그만큼 정성을 담고 예의 있는 말을 하고 싶은 마음을 모르는 것은 아니다. 하지만 아무리 많은 시간을 들여 찾아도, 내가 상대에게 전하고 싶은 마음은 검색할 수 없다. '마음의 언어'는 검색으로 찾을 수 있는 게 아니기 때문이다. 그렇게 제대로 준비하지 못한 채 사람을 만나 대화를 하게 되고, 결과는 늘 좋지 않다. 그런데 참 이상하다. 언제나 대화가 끝난 후 돌아서면, 했으면 좋았을 말이 그제야 폭포처럼 쏟아진다.

"미처 하지 못한 말은 왜 늘 돌아서면 생각날까?"

사람은 누구나 내면에 자신이 자주 사용하는 말을 담고 있고, 다양한 상황에 맞게 말을 꺼내어 상대에게 보여준다. 아무리 검색해도 적절한 말을 찾을 수 없는 이유는 '내 안에 없어서 꺼낼 수 없기' 때문이다. 찾지 못해서 말하지 못한 게 아니라, 그런 다정하고 예쁜 말이 내 안에 없어서다.

아무리 좋은 마음을 전하려고 해도 그 말을 내가 품고 있지 않다면 보여줄 수가 없다. 그래서 마음과 다른 말로 상대에게 실망을 주게 된다. 세상에 보여주고 싶은 마음이 있다면 그것을 표현할 수 있는 말을 내면에 담아야 한다.

여기까지 읽었다면, 이제 당신은 삶을 완전히 바꿀 수 있을 것이다. 용기를 내라. 지금까지 당신이 자주 돌아서서 '내가 왜 그때 그렇게 말했지?'라고 후회했다면, 더 이상 그러지 않아도 된다. 책에서 지금까지 배운 따뜻한 말과 우아한 말을, 마음을 어루만지는 말과 마음을 얻는 말을, 또 현명하고 지혜로운 말을 근사한 선물을 주듯 상대에게 들려주면 된다.

다만 이것 하나만 조심하라.

"좋은 마음이 좋은 말을 부른다는 사실은 이제 잘 알겠습니다. 그런데 알면서도 그게 참 안 되더라고요."

'알고 있지만 실천되지 않는다'라는 말은 많은 사람이 변명처럼 자주 사용하는 표현 중 하나다. 그런데 그렇게 말하는 이들은 정말 그것을 '알고' 있는 걸까? 나는 이렇게 생각한다.

"안다면 그것을 실천하지 않을 수가 없다.
실천하지 않는다는 건 여전히 잘 모른다는 증거다."

안다고 말하면서 실천하지 못하는 이유는 말에서 도망치고자 하는 마음에서 오는 것일지도 모른다. 하지만 도망친 곳에서 낙원을 만나는 사람은 없다.

손가락으로 검색해서 나온 말은 온전히 내 말이 될 수 없고, 돌아서서 후회만 한다고 그때 그 순간 미처 하지 못했던 말을 지금 내뱉을 수는 없다. 모든 일이 그렇듯 훈련이 필요하다. 사람과 관계를 사랑하는 마음을 갖는 것 역시 마찬가지다.

예쁜 말을 실천하고 싶은가? 그렇다면 세상과 사람을 좀 더 사랑하길 바란다. 서툴더라도 천천히, 완만하게, 꾸준히 사랑하기를. 마음에서 나오는 말이 당신을 원하는 삶으로 이끌어 주리라 믿는다.

단단하게 나를 지키고 다정하게 소통하는 사람들의 비밀

말은 마음에서 나옵니다

초판 1쇄 발행 2024년 2월 8일
초판 2쇄 발행 2024년 3월 14일

지은이 김종원
펴낸이 민혜영
펴낸곳 오아시스
주소 서울시 마포구 월드컵북로 402 906호
전화 02-303-5580 | **팩스** 02-2179-8768
홈페이지 www.cassiopeiabook.com | **전자우편** editor@cassiopeiabook.com
출판등록 2012년 12월 27일 제2014-000277호

ⓒ 김종원, 2024
ISBN 979-11-6827-174-6 03190

• 이 책은 《말의 서랍》(성안당, 2018)의 개정판으로 구성을 새롭게 정리하고,
  내용을 보강하여 펴냈습니다.
• 오아시스는 (주)카시오페아 출판사의 인문교양 브랜드입니다.
• 잘못된 책은 구입하신 곳에서 바꿔드립니다.
• 책값은 뒤표지에 있습니다.